선생님, 저 신고할 거예요

일러두기
- 본문의 사례 속 인물들은 독자의 이해를 돕기 위한 가상의 인물입니다.
- 본문에 사용한 여러 어휘 중 현장에서 사용하는 일부 어휘와 법 조항에 해당하는 어휘에 대해서는 붙여 씀을 예외적으로 허용하였습니다.

선생님, 저 신고할 거예요

공교육 위기의 시대, 우리는 어떻게 대처해야 하는가

신서희 — 김유미 지음

카시오페아
Cassiopeia

프롤로그

"이거 학폭이야. 너 신고할 거야."
"이거 교권 침해야. 너 신고할 거다."
"이거 아동학대예요. 선생님 신고할 거예요."
"이거 갑질이에요. 저 신고할 거예요."

요즘의 학교는 그야말로 '신고의 일상화'라고 해도 과언이 아닐 만큼 신고가 자연스러운 분위기이다. 대화의 끝이 "너 신고할 거야."로 마침표가 찍히는 경우가 늘고 있다. 학생끼리의 사소한 다툼도 학교폭력으로 신고하고, 이것이 다시 부모 간의 분쟁으로 확대되는 경우도 비일비재하다. 심지어 뒷담화하고 째려보는 것도 종종 학교폭력 신고로 이어진다. 친구끼리 다툼이나 갈등이 시작되면 대화방 캡처부터 해 놓는 게 기본이고 상대에 대한 미움이 신고로 귀결되기 일쑤다.

학교폭력 신고를 당하면 일단 나도 어떻게든 상대 친구의 잘못을 찾아내서 같이 맞대응하여 신고하는, 소위 '맞폭' 사례도 급증하고 있다. 학교폭력 조치에 대한 생활 기록부 기재가 강화되면서 대입을 목전에 둔 고등학생의 경우에는 생활 기록부 기재를 막기 위해 조치에 불복하여 행정심판, 행정소송을 제기하는 학부모도 증가하는 추세다. 우리 아이가 잘못한 건 맞지만, 조치가 과하니 부모로서 자녀가 대학에 잘 갈 수 있도록 지원해 주는 게 부모의 도리라는 이유다. 학교폭력보다는 덜하나, 교육활동 침해 신고도 간혹 그런 경우가 있다. 대부분의 교육활동 침해 신고는 도저히 지도가 불가한 학생을 대상으로 하지만, 가끔은 수업 시간에 반항적이거나 적대적인 태도를 보인 학생을 바로 신고하는 교사도 있다. 교사를 대상으로 한 아동학대 신고는 더 말할 필요도 없을 것이다. 여러 차례 언론에 보도가 되어서 이젠 잦아들 법도 한데, 오히려 체감상 더 많아지는 느낌마저 든다. 우리 아이를 혼냈다고, 관심 가져 주지 않았다고, 따뜻하게 말해 주지 않았다고 교사를 아동학대로 신고한다. 물론 교원지위법 개정으로 지금은 교사가 아동학대로 피소되어도 바로 직위해제가 되진 않고 사안에 대한 교육감의 의견서도 제출되지만, 그럼에도 신고가 된 이상 경찰 조사를 받는 등의 절차는 여전히 거쳐야 한다. 그야말로 교사에겐 극한의 스트레스를 겪을 수밖에 없는 시간일 것이다. 더욱 씁쓸한 건 아동학대로 피소된 교사 중에는 아이들에 대한 열정이 넘치는 교사가 적지 않다는 사실이다. 열정과 애정으로 때로는 아이를 혼내기도 하고 훈계도 할 텐데, 그 결과가 아동학대 신고로 돌아오니 결국 딱 기본적인 선에서의 교육만 해야 한다는 자조 섞인 이야기가 오갈 수밖에. 갑질도 예외는 아니다. 갑질 신고를 당할 만한 상사도 있지만, 가끔은 자신의 요구를 들어주지 않거나 복무를 지적하는 관리자나 업무 갈등을 겪는 상사를 갑질로 신고하는 경우도 있다. 어디 그뿐일까. 공무직과 교직원, 교사와 행정실 직원, 교사와 교사, 학부모와 학부모 등 학교의 모든 구성원은 그 대상을 막론하고 저마다의 갈등으로 몸살을 앓고 있다.

물론 이런 갈등이 단지 학교에만 있는 건 아닐 것이다. 모든 직업군, 모든 조직에는 구성원 간의 갈등이 존재하기 마련이지만, '교육'을 위한 공동체인 학교에서의 갈등은 그 영향력이 더욱 클 수밖에 없다. 학교에서의 갈등을 당사자 스스로 해결하기보다는 신고를 통해 타자로부터 내가 옳음을, 상대가 틀림을 인정받고 상대에게 그에 합당한 (어쩌면 신고자가 기대하는 수준의) 징계 조치가 나오기를 요구하는 분위기가 점차 강해지고 있다는 사실이 걱정스러울 따름이다. 친구와의 다툼을 대화로 풀기보다는 학교폭력으로 신고하고, 학생의 잘못된 행동에 대해 마음을 쏟아 지도하기보다는 교육활동 침해로 신고하며, 교사와 대화를 통해 오해를 풀고 이해하기보다는 아동학대로 신고하는 학부모가 많아지고 있는 것이다. 다만 2024년 3월, 교권보호위원회의 교육청 이관 이후, 교육활동 침해 신고 사례가 생각만큼 폭증하지 않은 것을 볼 때 아직은 교사의 사명감이 더 크다는 안도감과 동시에 침해 신고가 교권 회복의 해결책은 되지 못한다는 답답함, 그리고 여전히 교사가 참고 인내해야 하는 교육 현장의 현실에 대한 안타까움이 공존한다.

  물론 심각한 학교폭력도 많아졌고 폭력의 수위도 높아졌으며, 교육활동 침해의 심각성도, 악성 민원인의 숫자도 늘고 있는 것 역시 사실이다. 뉴스에서나 볼 법한 악랄한 괴롭힘과 딥페이크 등의 사이버폭력이 학교 현장에서 심심치 않게 일어나고 있으며, 교사에 대한 예의나 존경, 사제 관계의 신뢰 등은 더 이상 기대하기 어려워졌다. 교사에 대한 막말과 폄하 발언 등 학부모의 악성 민원에 시달리다가 결국 교직을 떠나는 교사도 많아지고 있다. 학교폭력 신고나 교육활동 침해 신고가 접수되었을 때 교육적 해결을 위해 대화와 중재를 시도했다가는 학교가 사안을 축소, 은폐하려고 한다는 반발에 부딪히기 일쑤라 학교가 적극적으로 나서서 교육적 해결을 도모하는 것조차 쉽지 않다. 이러다가 신고가 갈등 해결의 기본값이 되는 건 아닐까 걱정이 된다.

  이처럼 갈등이 발생했을 때 이를 스스로 해결하려 노력하기보다는 신고가 일상화된 환경에서 자라고 있는 이 아이들이 어른이 된 세상은 과연 어떤 모습일까. 교사에 대한 신뢰와 존중이 무너진 학교 현장에서 교사의 교육활동은 어떻게 보호될 수 있을까. 갈등을 해결할 힘을 잃어버린 교육은 어떻게 그 권위를 되찾고 살아날 수 있을까. 안타깝게도 학교폭력예방법과 교원지위법이 강화되어드 상황은 좀처럼 나아질 기미가 보이지 않는다. 그럼에도 부디 학교에서의 갈등을 '신고'하여 외부 전문가에게 '판정'받는 것은 최후의 선택이길 바란다. 학교 관리자의 갈등 관리 역량이, 학교 구성원의 갈등 중재 역량이 좀 더 강화되어서 학교에서 일어나는 갈등을 교육적으로 해결할 수 있으면 좋겠다. 부디 친구를 신고하기 전에 먼저 친구와 대화를 통해 갈등을 해결하고, 학생을 신고하기 전에 한 번 더 학생을 지도하며, 교사를 신고하기 전에 먼저 가정에서의 양육 방식을 돌아볼 수 있는 학교가 되면 좋겠다. 그래도 아직은 공교육의 힘과 학교가 가진 영향력을 믿어보고 싶다.

프롤로그 | 005

1장 [학교폭력] 선생님, 저 신고할래요

1. 아니 땐 굴뚝에서도 연기가 날 수 있다 [사이버폭력/고등학생] | 015
2. 눈에는 눈, 이에는 이 [언어폭력, 신체폭력/중학생] | 029
   [Page+] 심의위원회에 참석하기 전 알아 두면 좋을 것 (김유미) | 040
3. 새치기는 용서할 수 없어 [신체폭력/중학생] | 045
4. 말해 준 게 잘못이에요? [사이버폭력/중학생] | 056
5. 일부러 발을 걸었잖아 [신체폭력/초등학생] | 068
   [생각의 틈새] 학교폭력대책심의위원회, 법과 교육 사이 어디쯤 (신서희) | 077
6. 내가 투명 인간이야? [따돌림/중학생] | 081
7. 강제일까 합의일까 [성폭력/고등학생] | 091
   [Page+] 학교장의 긴급 조치 (김유미) | 102
8. 친하니까 그럴 수도 있지 [금품 갈취/중학생] | 106
   [Page+] 학교폭력, 변호사가 말하다 (김유미) | 117
9. 구경만 한 건데요 [신체폭력, 방조/고등학생] | 120
10. 눈빛 폭력 [언어폭력, 교우 관계 갈등/초등학생] | 132
    [생각의 틈새] 공정하다는 기준 (신서희) | 143

2장 [교육활동 침해] 교감 선생님, 저 신고하겠습니다

1. 성 패드립의 일상화 [성희롱, 정당한 생활지도에 불응/중학생] | 151

2. 너 이거 교권 침해야 [모욕, 정당한 생활지도에 불응/중학생] | 165
   [생각의 틈새] 교권 침해와 교육활동 침해 (신서희) | 176

3. 우리 아이는 아프잖아요 [손괴, 정당한 생활지도에 불응/초등학생] | 181

4. 장난으로 해 본 거예요 [딥페이크, 촬영물 등 무단 배포/중학생] | 191
   [생각의 틈새] 예방이 보호입니다 (신서희) | 201

5. 제가 죽으면 선생님 때문이에요 [협박/고등학생] | 205

6. 때리면 맞을 수밖에 없습니다 [상해·폭행/초등학생, 특수] | 217
   [Page+] 학교 내 녹음의 적법성 (김유미) | 228

7. 선생님 갱년기예요? [모욕, 성희롱/중학생] | 234

8. 여기가 문구점이니? [공무집행방해/고등학생] | 244

9. 끝나지 않는 싸움 [반복적 부당 간섭/학부모] | 252

10. 우리 아이가 피해자라고요 [반복적 부당 간섭/학부모] | 262
    [생각의 틈새] 모든 민원이 부당한 건 아닙니다 (신서희) | 271

11. 선생님은 누구 편이에요? [아동학대/초등학생] | 275

12. 왜 머리카락을 잡아당겨요? [아동학대/중학생] | 280
    [Page+] 학생생활지도와 아동학대 (김유미) | 287

1장

[학교폭력]

선생님, 저 신고할래요

1. 아니 땐 굴뚝에서도 연기가 날 수 있다

[사이버폭력/고등학생]

"은지야, 너 어젯밤에 지현이가 올린 스토리 봤어? 그거 진짜야?"

은지가 교실에 들어오는 것을 보자마자 혜빈이가 달려오더니 귓속말로 다급하게 물었다. 은지는 뭔가 싸한 기분에 황급히 인스타그램을 열어 보았으나 지현이가 올렸다는 스토리는 없었다. 지현이가 은지에겐 열람 권한을 주지 않은 게 분명했다. 다행히 혜빈이가 캡처해 두었다며 냉큼 보내 주었다. 지현이가 올렸다는 스토리는 은지가 지난달 영어 지필 평가에서 앞자리에 앉은 친구 답안지를 커닝하여 2등급을 받았다는 얼토당토않은 저격글이었다. 심지어 중3 때도 커닝하다가 걸렸다는 소문이 있었다는 내용도 보였다.

은지는 가슴이 철렁 내려앉았다. 중3 때도 이 소문 때문에 마음고생을 한참 했고 결백을 증명하는 데 꽤 오랜 시간이 걸렸는데, 고등학교에 와서 또다시 이런 일이 생겼다는 게 절망스러웠다. 지현이와는 같은 중학교를 나온 것도 아니고, 딱히 친하게 지내는 사이도 아닌데 왜 확인조차 안 해 보고 이런 내용의 스토리를 올린 건지 이해가 되지 않았다.

은지는 선생님께 말씀드리러 가려다가 먼저 지현이에게 물어보고 싶었다. 마침 교실로 들어오는 지현이를 만나 잠깐 얘기 좀 하자고 불렀다. 떨떠름한 표정으로 따라온 지현이와 운동장 앞 벤치에 앉아 스토리 캡처본을 보여 주며 단도직입적으로 물었다.

"지현아, 이거 네가 올린 거 맞아? 왜 올렸어? 너 나랑 같은 중학교도 아니었잖아."

지현이는 얼굴이 빨개져서 얼버무렸다. 은지가 이렇게 직접적으로 물어볼 거라고는 예상하지 못한 눈치였다.

"아… 이거… 누가 얘기해 줬어…. 중3 때 너 커닝하다 걸렸던 적 있다고…."

"그럼 나한테 먼저 물어봤어야지. 그 소문 진짜냐고. 그리고 지난달 영어 지필 평가에서 내가 커닝해서 2등급 받았다고? 누가 그래? 그게 말이 돼?"

"난 그냥… 네가 갑자기 영어 내신 등급이 올라서 이상했는데, 마침 친구가 너 중3 때 커닝하다 걸린 적 있다고 얘기해 주니까… 그래서…."

알고 보니 지현이는 은지가 갑자기 영어 등급이 오른 게 의아했고,

그 때문에 자신의 등급이 떨어진 것 같아 속상했던 차였다. 그러다 은지가 중3 때 커닝했었다는 소문을 듣고 이번에도 커닝한 게 분명하다고 지레짐작하고는 분한 마음에 인스타그램 스토리에 저격글을 올린 것이었다.

화가 난 은지가 억울한 마음에 계속 지현이에게 왜 그랬냐고 몰아붙이자, 지현이도 더는 참지 않고 맞받아쳤다.

"어차피 스토리는 24시간만 볼 수 있는 거고, 내 스토리에 내가 내 맘대로 쓰는 건데 네가 무슨 상관이야? 혹시라도 너 기분 나쁠까 봐 너는 못 보게 했는데, 누가 그걸 찾아서 보래? 그리고 솔직히 네가 커닝 안 했다는 증거도 없잖아. 너 안 했다고 증명할 수 있어?"

결국 화가 난 은지는 울음이 터졌다. 억울하고 분한 마음에 이대로 넘어갈 수 없다는 생각이 들었다.

법으로 해결하기

「학교폭력예방 및 대책에 관한 법률」(아래에서는 간략히 '학교폭력예방법'이라고 한다)은 학교폭력을, '학교 내외에서 학생을 대상으로 발생한 상해, 폭행, 감금, 협박, 약취·유인, 명예훼손·모욕, 공갈, 강요·강제적인 심부름 및 성폭력, 따돌림, 사이버폭력 등에 의하여 신체·정신 또는 재산상의 피해를 수반하는 행위'로 정의하고 있다(제2조 제1호). 그리고 법원은, "학교폭력예방법상 '학교폭력'은 제2조 제1호에 열거된 유형에 한정되지 않고 이와 유사하거나 동질의 행위로서 학생의 신체·정신 또는 재산상의 피해를 수반하는 행위를 포함한다."라고 하여 그 범위를 확장한다(서울고등법원 2024. 11. 22. 선고 2024누40129 판결 등).

사안에서 은지는 지현이가 인스타그램 스토리에 자신이 커닝으로 2등급을 받았다는 허위 글을 올린 것이 학교폭력이라고 주장한다. 학교폭력 유형 중 '사이버폭력'에 해당하는지가 문제될 것이다. 사이버폭력은 사이버 언어폭력, 사이버 명예훼손, 사이버 스토킹, 사이버 따돌림, 사이버 영상 유포 등 사이버상에서 정보 통신 기기를 이용하여 괴롭히는 행위를 뜻한다. 구체적으로는 다른 학생에 대한 욕설이나 비방의 글을 인터넷 게시판, SNS 등에 게시하는 행위, 성적 수치심을 주거나 위협하는 내용, 조롱하는 글, 그림, 동영상 등을 정보통신망을 통해 유포하는 행위 등이 포함된다. 최근 심각한 사회적 문제가 되었던 딥페이크 영상의 제작·반포도 사이버폭력에 해당한다.

「학교폭력예방법」 제2조
이 법에서 사용하는 용어의 정의는 다음 각 호와 같다.
1의3. "사이버폭력"이란 정보통신망(「정보통신망 이용촉진 및 정보보호 등에 관한 법률」 제2조 제1항 제1호의 정보통신망을 말한다)을 이용하여 학생을 대상으로 발생한 따돌림, 딥페이크 영상 등(인공지능 기술 등을 이용하여 학생의 얼굴·신체 또는 음성을 대상으로 성적 욕망 또는 불쾌감을 유발할 수 있는 형태로 편집·합성·가공한 촬영물·영상물 또는 음성물을 말한다)을 제작·반포하는 행위 및 그 밖에 신체·정신 또는 재산상의 피해를 수반하는 행위를 말한다.

학생들 사이에 유행하는 질문 기반 플랫폼 에스크를 비롯하여, 카카오톡이나 인스타그램 등의 SNS 사용이 증가하면서 이를 이용한 학교폭력 사례들이 다수 발생하고 있다. 사이버폭력은 불특정 다수에게 공개될 수 있다는 점과 글을 작성(또는 게시)한 당사자 외 다른 누군가에 의해 추가 유포될 가능성이 있다는 점에서 그 위험성이 크기 때문에 주의를 요한다. 어린 학생들의 경우 이러한 위험성을 모르고 쉽게 게시물을 올리거나 유포하고 있어 관련 지도가 반드시 필요하다.

이 사안은 사이버폭력 중 사이버 명예훼손에 해당할 수 있다. 지현이가 비록 24시간 후 삭제되는 SNS 플랫폼 기능을 사용하였다고 할지라도 사이버상에서 은지의 명예가 훼손될 만한 내용의 글을 게재한 것은 학교폭력 가해행위로 인정될 수 있다. 정보통신망을 이용하여 명예를 훼손하였기 때문에 「정보통신망 이용촉진 및 정보보호 등에 관한 법률」(이후로는 간략히 '정보통신망법'이라고 한다)에 따라 처벌을 받을 수도 있다. 일반 형법상 명예훼손과 달리 「정보통신망법」 위반 명예훼손은 처벌의 수위가 높다. 형법상 명예훼손과 마찬가지로 거짓의 사실을 드러내어 명예훼손을 한 경우에는 가중처벌도 가능하다.

「형법」 제307조(명예훼손)
① 공연히 사실을 적시하여 사람의 명예를 훼손한 자는 2년 이하의 징역이나 금고 또는 500만원 이하의 벌금에 처한다.
② 공연히 허위의 사실을 적시하여 사람의 명예를 훼손한 자는 5년 이하의 징역, 10년 이하의 자격정지 또는 1천만원 이하의 벌금에 처한다.

「정보통신망 이용촉진 및 정보보호 등에 관한 법률」 제70조(벌칙)
① 사람을 비방할 목적으로 정보통신망을 통하여 공공연하게 사실을 드러내어 다른 사람의 명예를 훼손한 자는 3년 이하의 징역 또는 3천만원 이하의 벌금에 처한다.
② 사람을 비방할 목적으로 정보통신망을 통하여 공공연하게 거짓의 사실을 드러내어 다른 사람의 명예를 훼손한 자는 7년 이하의 징역, 10년 이하의 자격정지 또는 5천만원 이하의 벌금에 처한다.

학교폭력으로 사안이 접수되면 학교장 자체해결이 불가능한 경우 교육지원청 내 학교폭력대책심의위원회의 심의를 받게 된다. 심의위원회는 관련학생의 행위가 학교폭력 가해행위인지를 판단하고 적절한 조치를 의결한다. 심의위원회는 수사 기관이 아니나, 가해학생의 행위가 형사상 범죄행위에 해당한다면 학교폭력 가해행위의 심각성을 높게 판단할 수밖에 없다. 심의위원 중에는 법률 전문가들도 포함되어 있으므로 결국 형사상 범죄행위인지 여부가 학교폭력 조치에 영향을 미치는 건 당연한 일이다.

사안으로 돌아와서, 은지가 학교장 자체해결에 동의하지 않아 심의위원회가 개최되면 은지와 지현이는 심의에 참석하여 각각 심의위원들의 질문에 답하는 시간을 갖게 될 것이다. 은지가 지현이의 가해행위를 입증하기 위해 인스타그램 스토리 캡처본을 제출하였다면, 심의위원들은 게시물의 내용만으로도 은지를 특정할 수 있는지, 은지의 명예가 훼손될 만한 내용이 구체적으로 담겼는지 등을 살필 것이다. 그리고 게시물이 은지의 명예를 훼손할 만하고 이로써 은지가 정신적 피해를 입었다고 판단되는 경우, 사이버폭력으로 인한 학교폭력으로 인정하고 지현이에 대한 가해학생 선도·교육 조치를 의결할 것이다. 의결된 조치는 교육장 명의로 통보된다.

가해학생 조치별 적용 세부 기준

　학교폭력예방법은 가해학생에 대한 조치별 적용 세부 기준을 두고 있다. 기본 판단 요소인 학교폭력의 심각성, 학교폭력의 지속성, 학교폭력의 고의성, 가해학생의 반성 정도, 그리고 화해 정도의 다섯 가지 요소에 대하여 각 요소별로 0점에서 4점을 부여한 후 판정 점수의 합산으로 가해학생에 대한 조치를 결정한다. 부가적으로는 '가해학생의 선도 가능성' 및 '피해학생이 장애 학생인지 여부'에 따라 조치를 가중, 감경 가능할 수 있도록 하고 있다. 구체적인 기준은 「학교폭력 가해학생 조치별 적용 세부기준 고시」 별표에 있다.

학교폭력 가해학생 조치별 적용 세부 기준

			기본 판단 요소					부가적 판단 요소	
			학교폭력의 심각성	학교폭력의 지속성	학교폭력의 고의성	가해학생의 반성 정도	화해 정도	해당 조치로 인한 가해학생의 선도가능성	피해학생이 장애학생인지 여부
판정 점수		4점	매우 높음	매우 높음	매우 높음	없음	없음	해당 점수에 따른 조치에도 불구하고 가해학생의 선도가능성 및 피해학생의 보호를 고려하여 시행령제14조 제5항에 따라 학교폭력대책심의위원회 출석위원 과반수의 찬성으로 가해학생에 대한 조치를 가중 또는 경감할 수 있음	피해학생이 장애학생인 경우 가해학생에 대한 조치를 가중할 수 있음
		3점	높음	높음	높음	낮음	낮음		
		2점	보통	보통	보통	보통	보통		
		1점	낮음	낮음	낮음	높음	높음		
		0점	없음	없음	없음	매우 높음	매우 높음		
가해학생에 대한 조치	교내선도	1호	피해학생에 대한 서면사과	1~3점					
		2호	피해학생 및 신고·고발학생에 대한 접촉, 협박 및 보복행위의 금지	피해학생 및 신고·고발학생의 보호에 필요하다고 심의위원회가 의결할 경우					
		3호	학교에서의 봉사	4~6점					
	외부기관 연계 선도	4호	사회봉사	7~9점					
		5호	학내외 전문가에 의한 특별 교육이수 또는 심리치료	가해학생 선도·교육에 필요하다고 심의위원회가 의결할 경우					
	교육환경 변화	교내 6호	출석정지	10~12점					
		7호	학급교체	13~15점					
		교외 8호	전학	16~20점					
		9호	퇴학처분	16~20점					

교육적으로 해결하기

사실 담임 교사의 입장에서 이 사안을 해결하는 건 쉽지 않다. 지현이가 잘못을 한 건 맞지만, 지현이와 은지 모두 담임으로서 책임져야 할 학생들이고, 무엇보다 교사의 입장에서는 학교폭력 신고가 이들에게 최선의 선택이라는 생각이 아닐 수 있기 때문이다. 하지만 그렇다고 학교폭력으로 신고하겠다는 은지를 섣불리 말리는 것도 조심스럽다. 과연 은지와 지현이의 갈등을 '학교폭력대책심의위원회'에서 해결하는 게 최선일까.

이유야 어떻든 이 사안은 지현이의 잘못이 명백하다. 성적이 떨어진 것에 대한 학업 스트레스와 불안이 은지에 대한 공격으로 표현되었을 수 있다. 은지가 중학교 때 커닝했다는 소문이 사실인지 알아볼 생각조차 하지 않고 무작정 인스타그램 스토리에 올린 건 변명할 여지가 없는 잘못이다. 설령 그 소문이 사실이라고 해도 잘못된 행동이다. 따라서 이 경우에는 무작정 신고 자체를 만류하거나 화해를 권유하기보다는 먼저 지현이가 잘못을 인정하고 은지에게 잘 사과할 수 있도록 지도하는 게 필요하다. 신고할지 말지는 그 이후에 결정할 수 있도록 지도하기를 권한다.

학교폭력대책심의위원회가 2020년 3월, 학교에서 교육청으로 이관되고 2024년부터 조사관 제도가 시행되면서 학교에서의 학교폭력 신고는 큰 폭으로 증가하고 있다. 친구 사이의 크고 작은 갈등도 대화로 해결하기보다는 학교폭력으로 신고하려는 추세가 두드러진다. 즉 자신이 피해를 보았으므로 상대방에게도 그만큼의 징계를 주라는 것이다.

물론 반드시 학교폭력으로 신고해야 하는 사안도 있다. 그러나 이 사례는 무작정 학교폭력으로 신고하기보다는 먼저 중재의 자리를 갖고 대화를 통해 해결하려는 노력이 선행되면 좋겠다. 자세히 언급되어 있진 않지만, 지현이는 자신의 행동이 잘못되었다는 사실을 인지하고 있는 것으로 보이고, 은지 역시 지현이와의 갈등의 골이 깊기보다는 지현이의 행위와 지현이가 사과하지 않는 것에 대한 분노가 크기 때문이다. 따라서 지현이가 자신의 잘못을 명확하게 인식하고 은지에게 잘 사과할 수 있도록 도와준다면 학교폭력 신고까지 이어지지 않고 갈등이 잘 해결될 수 있을 것으로 보인다.

다만 앞에서 언급했듯이 화해를 하기 위해서는 반드시 제대로 된 사과가 전제되어야 한다. 따라서 이 사례는 잘 사과하는 것이 핵심이다. 무조건 "미안해."라고 말하는 건 제대로 된 사과가 아니다. 사과는 하는 것도 중요하지만, '잘' 사과하는 건 더더욱 중요하다. 교사는 먼저 지현이에게 허위 사실 유포가 얼마나 심각한 행위인지 단호하게 알려 주고 은지가 느꼈을 감정에 대해 충분히 공감하도록 한 뒤, 진정성 있는 사과에 대해 구체적으로 지도하건 좋겠다.

1) "~한 건 미안해."라고 말하지 않기 : "~한 건 미안해."라고 하면, 그 말 뒤에는 "그런데…"로 시작되는 변명이나 자기 합리화 등 나의 입장이 뒤따라올 수밖에 없는 구조이기 때문이다.
2) 구체적으로 사과하기 : 무조건 "미안해."가 아닌, 어떤 행동이 미안한지에 대한 구체적인 내용이 있어야 한다.
3) 오해라고 말하지 않기 : "나는 그럴 의도가 아니었는데…." 등의 말은 네가 오해한 거라는 의미를 내포하고 있다. "네가 그렇게 생각했다면 미안해." 역시 너의 오해라는 뜻이다. 이는 나의 말을 오해한 너의 잘못도 있다는 뜻으로 받아들여질 수 있으므로 주의해야 한다.

사과하는 과정에서 가장 흔히 하게 되는 실수가 '오해'라고 말하는 것이다. 예컨대 "나는 그럴 의도가 아니었는데, 네가 기분 나빴다면 사과할게.", "그건 오해야. 난 그럴 생각은 없었어. 그래도 네가 그렇게 생각한다면 미안해." 이런 식의 사과는 제대로 된 사과가 아니다. 마치 오해한 네가 잘못되었다고 지적하는 것으로 느껴질 수 있다. 무엇보다 나의 불편함이나 불리함에서 벗어나기 위한 사과는 제대로 된 사과가 아니며 오히려 관계를 더 악화시킬 수 있다는 것을 기억하자.
참고로 좋은 사과는 다음 4단계를 포함해야 한다.

(1) 뭘 잘못했는지 구체적으로 말하기

- 내가 사실을 제대로 확인하지도 않고 네가 중학교 때 커닝했다는 소문만 듣고는 지레 짐작했어.
- 네가 지난달 지필 평가에서 커닝했다는 허위 사실을 나의 인스타그램 스토리에 올린 건 잘못된 행동이었어. 내가 성적이 떨어져서 속상한 마음을 너에 대한 공격으로 표현한 것 같아.

(2) 상대방의 감정을 인정하기

- 내가 올린 인스타그램 스토리를 보고 네가 정말 속상하고 화가 많이 났을 거 같아.

(3) 마음을 다해 사과하기

- 정말 미안해. 네 마음이 풀릴 때까지 너한테 용서를 빌고 싶어. 진심으로 사과할게.

(4) 앞으로 어떻게 할 건지 말하기

- 앞으로 이런 일 없도록 조심할게.
- 너에 대한 소문이 사실이 아니라고 정정하고 사과하는 인스타그램 스토리를 올릴게.

마음에서 우러나는 사과야말로 학교폭력을 막고 관계를 회복하는 첫 단계일 것이다. 가능하다면 담임 교사나 신뢰 관계가 형성된 교사가 이런 중재를 맡아 주면 더 좋겠다. 이때 교사는 지현이에 대한 판단이나 질책, 추궁 등을 하지 않도록 주의해야 하며 먼저 지현이의 이야기를 충분히 들어 주고 그 마음을 공감해 주는 과정이 필요하다. 이 시간을 통해 지현이가 스스로 자신의 잘못을 인정하고 자신의 행동에 대한 심각성을 깨닫고 난 뒤, 은지에게 진심 어린 사과를 할 준비를 하게 될 것이다.

처음부터 사과를 잘하는 사람은 없다. 심지어 어른도 제대로 사과할 줄 모르는 사람이 적지 않다. 아직 고등학생임을 고려했을 때 청소년 시기에 이런 갈등을 통해 잘 사과하는 방법을 배우는 게 지현이에게는 오히려 성장의 기회가 될 수도 있을 것이다.

2. 눈에는 눈, 이에는 이

[언어폭력, 신체폭력/중학생]

은상이는 사물함 문을 열다가 멈칫했다. 분명히 자신을 향해서 한 말인 것 같았다. 잠시 얼어붙은 듯 그 자리에서 찰나와 같은 시간 동안 수만 가지 생각이 스쳐 지나갔다. 그냥 못 들은 척할까 아니면 뒤를 돌아서 확인을 할까. 고민 끝에 은상이는 고개를 돌려 소리가 난 쪽을 쳐다보았다. 역시나 예상했던 대로 민우와 찬영이 그리고 시훈이였다.

"그거 방금 나한테 한 말이었어?"

아이들은 기다렸다는 듯이 키득거리면서 은상이를 쳐다보았다. 아이들의 눈빛을 본 순간 은상이는 자신의 선택이 잘못되었음을 직감했다. 하지만 물은 이미 엎질러졌고 어떻게든 이 자리를 빨리 벗어나야 했다.

"무슨 말?"

"아니… 찬영이 네가 방금 '씨발, 좆나 더러워.'라고 한 거, 혹시 나한테 한 말이었냐고."

찬영이가 은상이를 빤히 쳐다보면서 대답했다.

"내가? 언제? 너 귀가 삐었냐? 증거 있어? 그냥 조용히 처지나가세요. 미친년아."

찬영이의 말이 끝나자마자 민우와 시훈이는 낄낄대며 은상이를 위아래로 훑어보았다. 은상이는 심장이 쪼그라드는 것 같았다. 여기에서 더 이야기를 이어 나갔다가는 어떤 말을 듣게 될지 뻔했다. 지금이라도 이야기를 멈추고 이 자리를 벗어나는 게 최선이라는 생각이 들었다. 찬영이의 말에 아무런 대꾸도 하지 않고 교실을 나서려는데, 등 뒤로 아이들의 웃는 소리가 들려왔다.

"저 새끼 그냥 나간다. 쫄았네, 쫄았어."

그 순간 은상이는 아무 생각도 나지 않았다. 그날따라 왜 그랬는지 은상이 자신도 알 수 없었다. 아침에 엄마가 꾸물댄다고 잔소리를 해 대서 기분이 안 좋았기 때문일지도 모르겠다. 어쩌면 2교시 영어 시간에 수행평가를 망쳐서 우울했던 것일 수도 있다. 아무튼 이유는 알 수 없지만, 은상이는 자기도 모르게 뒤로 돌아 손에 쥐고 있던 생수병을 찬영이에게 힘껏 던졌다. 하필 뚜껑이 제대로 닫혀 있지 않았던 생수병은 찬영이에게 명중하자마자 물이 쏟아져 찬영이의 셔츠와 바지가 다 젖어 버렸다.

"씨발, 너 지금 나한테 던진 거냐? 이거 학폭이야! 이 새끼, 내가 지금 신고할 거야!"

 찬영이는 얼굴이 벌게져서 생수병을 들고 교무실로 달려갔다. 옆에 있던 민우와 시훈이는 흥미진진한 표정으로 이 광경을 쳐다보고 있었다. 민우가 우두커니 서 있는 은상이에게 다가와 어깨를 툭 치며 말했다.

 "야, 내가 다 봤으니까 난 이제 목격자 진술서 쓰러 간다."

 은상이는 민우의 말을 듣는 순간 정신이 번쩍 났다. 이러다간 학교폭력 가해학생으로 처벌을 받게 생긴 것이었다. 생각만 해도 너무 억울했다. 지금까지 민우, 찬영이, 시훈이가 나를 놀리고 욕을 한 게 얼마나 많은데, 저 애들이 아닌 내가 가해자가 될 순 없었다. 이렇게 된 이상 방법은 하나였다. 같이 맞폭으로 신고하는 것. 생수병을 던진 건 잘못이지만, 지금까지 찬영이가 자신을 놀리고 욕한 걸 다 정리한다면 오히려 자신이 더 유리할 거란 확신이 들었다. 이참에 찬영이가 학폭으로 처벌받아서 강제 전학을 가버리는 상상을 하니 오히려 기분이 좋아지는 것 같기도 했다. 은상이는 교무실로 달려갔다.

 "선생님, 저도 이찬영 학폭 신고할래요! 아니, 찬영이만 신고하는 게 아니라 민우랑 시훈이도 다 신고할게요!"

법으로 해결하기

당사자 쌍방이 서로를 가해학생으로 신고하는 것, 이른바 맞폭은 이제 하나의 트렌드가 되었다. 가해학생으로 신고를 당한 학생이 자신 역시 피해를 입었다고 주장하며 상대 학생을 맞신고하는 사례가 많아진 것이다. 학부모들 사이에 정보를 교환하는 맘카페에서는 학교폭력 신고를 당했다는 글이 올라오면 사실 관계를 막론하고 상대 학생을 맞폭으로 신고하라는 댓글들이 달린다고 한다. 맞폭으로 심의에 올라가는 것이 일방 가해 사안보다 가해학생에게 유리하다고 보는 것이다. 그러나 일방의 가해행위가 분명함에도 자신의 피해를 부풀려 맞신고를 하거나 억울함을 호소하는 '허위'의 맞신고는 오히려 독이 될 수 있다. 억지스러운 피해의 주장은 반성의 태도가 부족하다고도 볼 수 있기 때문이다.

사안의 은상이는 맞폭이 불가피한 경우로 보인다. 그동안 찬영이로부터 괴롭힘을 당해 온 건 은상이 쪽이니 맞폭으로 신고하는 것이 적절한, 보기 드문 경우일 것이다. 문제는 찬영이를 포함한 세 학생의 가해행위가 사안에서처럼 뒤에서 은근히 욕설을 한 것뿐이라면 은상이가 이들의 언어폭력을 입증하기 어려울 수 있다는 점이다. 심의위원회는 객관적인 증거가 있어야 사실로 인정하고 그에 따른 조치를 결정하므로 아무런 증거가 없는 언어폭력이나 은근한 따돌림의 경우,

자칫 증거불충분에 따른 조치없음 결정이 나올 수도 있다. 이런 경우 학교는 은상이가 주장하는 피해 사실에 대하여 목격학생이 있는지 확인하고 목격학생의 진술서를 받아 공정한 심의가 진행될 수 있도록 협조해야 할 필요가 있다.

  은상이가 담임 교사에게 사전에 찬영이, 민우, 시훈이로부터 겪은 어려움을 이야기해 왔다면 담임 교사로부터 도움을 받을 수 있다. 교사가 직접 심의에 출석하여 진술하는 경우는 드물지만, 학생 확인서와 유사한 형식으로 확인서 또는 진술서 등을 작성하여 제출하는 경우는 왕왕 있다. 은상이가 그동안 세 학생으로부터 욕설을 들은 사실과 함께 이 문제로 교사와 상담을 한 적이 있다는 등의 내용을 담아 교사가 진술서를 제출해 준다면 은상이의 피해 사실 입증에 도움이 될 것이다.

  한편 찬영이는 신체폭력을 당했다고 주장하며 당당하게 신고를 하였다. 은상이가 손에 들고 있던 생수병을 던졌고 찬영이는 맞았으며 생수병 속 물이 찬영이 옷을 적셨으니 형법상 폭행에 해당하는 피해를 입었다고 주장할 수 있을 것이다.

「형법」 제260조(폭행, 존속폭행)
① 사람의 신체에 대하여 폭행을 가한 자는 2년 이하의 징역, 500만원 이하의 벌금, 구류 또는 과료에 처한다.

그러나 찬영이와 민우, 시훈이가 그동안 은상이에게 학교폭력 가해 행위를 하였던 사실이 인정될 경우 찬영이에 대한 가해학생 선도·교육 조치가 은상이의 조치보다 더 무겁게 나올 가능성도 있다. 심의위원들은 제출된 학생 확인서, 목격학생 확인서, 교사의 진술서 등 자료 일체를 검토한 후 관련학생들에게 질의하여 사실 관계를 확정하고 조치를 결정한다. 결국 은상이가 찬영이, 민우, 시훈이의 언어폭력 행위를 어떻게 입증할 것인지가 이 사안의 관건으로 보인다.

교육적으로 해결하기

사실 오랫동안 놀림을 받고 마음의 상처를 입은 건 은상이였지만, 순간적으로 참지 못하고 생수병을 던지는 바람에 은상이가 도리어 가해관련학생이 되어 버렸다. 생수병을 던진 은상이의 행동은 찬영이의 옷이 젖었고 민우와 시훈이도 이를 목격했기 때문에 사실 관계 입증이 명확하다. 반면 은상이를 놀리고 은상이에게 욕을 한 찬영이와 그 옆에서 동조한 민우, 시훈이의 행동은 오히려 객관적 사실 관계를 증명하기가 쉽지 않다. 결국 찬영이가 아닌 은상이가 가해행위로 처벌을 받을 수도 있는 상황이 된 셈이다.

안타까운 경우이지만, 학교에서는 이런 일이 빈번하게 일어난다. 놀리고 괴롭히는 행위는 비언어적 측면이 크기 때문에 객관적인 사실 관계를 입증하기가 쉽지 않은 까닭이다. 그렇다고 이미 찬영이가 학교폭력 신고까지 하겠다고 나선 상황에서 교사가 개입하여 찬영이를 지도하는 것도, 섣불리 중재에 나서는 것도 조심스럽다. 교사는 은상이의 억울한 상황을 어느 정도 알고 있을 수도 있지만, 은상이에게 소위 '맞폭'을 권하거나 은상이의 편에서 찬영이의 신고를 만류하는 것도 쉽지 않고, 반대로 아예 모른 척하는 것도 마음이 불편하다.

이럴 때는 먼저 초기 대응 방안으로 학급 전체를 대상으로 한 집단 상담을 1~3회기 정도 진행하는 것을 추천한다. 학급의 친구들은 은상이와 찬영이, 민우, 시훈이의 관계를 어느 정도는 인지하고 있을 테니 또래 친구들의 도움을 받아 관계 회복을 시도해 보는 것이 효과적일 것이다. 선생님이 지도하면 무조건 잔소리로 여기고 귀를 닫지만, 또래 친구들과의 대화를 통해 찬영이와 민우, 시훈이가 자신의 행동을 돌아보고 잘못을 깨닫는 마법이 일어날 수도 있다. 집단상담에서 서로 마음을 열고 자신의 생각을 공유하면서 아이들은 경청을 연습하고 존중과 배려를 배울 수 있으며 갈등을 스스로 풀어 가는 힘을 갖게 될 것이다.

청소년기에는 찬영이처럼 자신의 말과 행동을 돌아보고 상대방의 입장을 헤아리는 것이 미숙한 아이들이 많다. 이런 아이들이 건강한 인격으로 성장하기 위해서는 징계와 처벌을 통해 강제로 행동을 수정하기보다는 또래 집단 내에서 존중과 경청, 배려 등을 자연스럽게 배워 나가는 게 가장 바람직하다. 그러므로 설령 학교폭력으로 신고한 경우라 할지라도 심의위원회까지 가기에 앞서 이런 교우 관계 갈등을 배움과 성장의 기회로 삼을 수 있도록 집단상담 등 대화의 장을 마련하기를 권한다. 다만 사안에는 명확하게 언급되어 있지 않지만, 만약 학생들 간의 갈등이 오래 지속된 상황이라면 집단상담 실시 전후에 관련학생들의 예비중재, 본중재모임도 함께 진행하는 게 필요할 수 있다.

학급 구성원을 대상으로 한 구조화 집단상담은 회복적 생활 교육, 비폭력 대화 모임, 관계 회복 서클 활동, 학급 신뢰 서클 등의 이름으로 교육계에서 많이 알려진 프로그램이다. 상담 전문가가 아닌 일반 교사도 일정 기간의 교육과 연수를 이수하면 신뢰 서클을 통한 집단상담을 진행할 수 있다. 물론 임상 경험이 많은 상담 전문가가 진행하는 집단상담이 좀 더 전문적이고 깊이가 있겠지만, 학교에 갈등이 발생할 때마다 외부 전문가가 즉시 투입되는 게 쉽진 않을 것이다. 어쩌면 학교 상황에 대한 이해가 높고 해당 학생들을 잘 알고 있는 교사가 오히려 더 뛰어난 역량을 발휘할 수도 있다는 생각이다. 다행히 학급 내에서 발생하는 교우 관계 갈등은 비폭력 대화나 회복적 생활 교육에 기반을 둔 2~4회기 관계 회복 서클 집단상담만으로도 가시적인 변화가 일어나는 경우가 많으므로 일반 교사나 교내 위클래스 상담교사도 충분히 운영할 수 있다.

참고로 비폭력 대화나 회복적 생활 교육, 갈등 중재와 관련해서는 교육청을 비롯한 각종 관련 기관에서 주관하는 연수도 다양한 편이고 시도 단위 및 지역 내 교사 연구회 활동도 활발하므로 관심을 갖고 참여해 보자.

여기에서는 비폭력 대화를 기반으로 한 집단상담 프로그램 예시를 소개한다.

(1) 무엇을 목표로 해야 할까?

· 찬영이와 그 친구들의 행동을 무작정 나쁘다고 단정짓고 이를 수정하고자 가르치기보다는 찬영이와 친구들이 스스로 자신의 행동이 잘못

된 것임을 깨닫게 하는 것이 중요하다. 즉 무조건적인 화해가 목적이 아니라 아이들이 자신의 느낌과 욕구를 알아차리고 서로의 감정과 욕구를 들여다보는 경험을 통해 관계를 회복하고 학급의 상호 존중 문화를 형성하는 것을 목표로 하자.

(2) 회기별 구성

- 1회기: 감정카드를 이용하여 나의 느낌을 찾아보고 상대방의 느낌을 추측해 보는 활동
- 2회기: 괴롭힘 유형의 스펙트럼을 생각해 보고 나도 몰랐던 나의 영향력을 돌아보는 활동
- 3회기: 관찰, 느낌, 욕구, 부탁을 연습하고 우리 반은 어떤 반이 되고 싶은지 공동의 미션 만들기

(3) 유의 사항

- 은상이에게 용서나 사과, 화해 등을 강요하는 분위기가 되지 않도록 조심한다.
- 교사는 중립을 잘 지켜야 한다. 학생들이 정답을 말하는 데 집중하기보다는 학생들이 자신의 느낌과 욕구를 알아차리고 이를 안전하게 표현할 수 있도록 돕는다.
- 찬영이와 친구들을 지목하거나 이들의 잘못을 지적하는 발언, 무의식적 행동을 하지 않도록 주의한다.

- 때로는 침묵을 견디는 것도 필요하다. 아이들이 침묵한다고 조바심을 느낄 필요는 없다.
- "잘했어."보다는 "고마워."를, 예컨대 "솔직하게 말한 건 참 잘했어."라는 평가적 표현보다는 "솔직하게 말해 줘서 고마워."가 더 좋겠다.

(4) 집단상담 진행 시 도움이 되는 예시 문구

- 여기서는 누구도 혼내거나 비난하려고 하는 게 아니야. 우리는 서로의 마음을 좀 더 잘 알아보려고 모인 거야.
- 말하고 싶지 않으면 하지 않아도 괜찮아. 듣기만 해도 충분해.
- 그 말을 들었을 때 마음속에 어떤 느낌이 제일 먼저 올라왔어?
- 그때 네가 진짜로 바랐던 건 뭐였을까?
- 지금 그때를 돌아보면 너의 행동에 대해서 다르게 해 보고 싶은 부분이 있을까?
- 다시는 이런 일이 없도록 하기 위해서 우리가 약속해 볼 수 있는 게 있을까?

[Page+]
심의위원회에 참석하기 전 알아 두면 좋을 것
김유미

학교폭력 피·가해관련학생(피해학생과 가해학생으로 조치가 결정되기 전까지는 피해관련학생, 가해관련학생이라는 표현을 쓴다)이 되면 심의위원회 참석 안내를 받는다. 심의위원회에 처음 참석하는 학생과 보호자의 입장에서는 심의에서 무엇을 하는지, 심의 참석 시 주의할 점은 없는지 궁금할 수밖에 없다. 심의위원회 참석을 앞둔 학생과 보호자에게 도움이 될 만한 몇 가지를 안내한다.

먼저 심의위원회에 학생과 보호자가 반드시 참석해야 하는지 궁금할 것이다. 결론부터 이야기하면 참석하지 않는 것도 가능하다. 대면 심의가 원칙이나, 법률상 의무로 정하고 있지는 않기 때문이다. 그러나 심의위원들을 직접 만나 사안에 대한 자신의 입장을 전달할 수 있는 기회는 오직 심의뿐이라는 점을 고려하면 가능한 한 참석하여 자신의 생각을 충분히 표현하는 것이 좋다. 심의위원들에게 사건 당일 자신이 기억하고 있는 것들을 설명하고 상대 학생과 현재 어떻게 지내고 있는지 등을 직접 전달하는 것이 학생의 입장을 이해하는 데에 도움이 되고 진술의 신빙성도 높일 수 있기 때문이다. 다만 성폭력과 같이 민감도가 높은 사안의 경우, 관련학생이 심의에 출석하여 질의응답을 하는 것이 어려울 수 있다. 그때는 심의에 참석하기 어려운 이유와 자신의 입장을 담은 서면 진술서를 심의 전까지 제출하여 심의위원들로 하여금 현재까지의 상황을 이해할 수 있도록 협조하여야 할 것이다.

그럼 심의에 참석한 학생과 보호자는 무엇을 하게 될까. 학생과 보호자는 심의실에서 심의위원들을 만나 질문에 대답하는 시간을 갖는다. 상대 학생과 대면하여 함께 심의를 받는 것은 아니고 각각 따로 진행한다. 학생 또는 보호자 중에는 상대 학생과 마주칠 것이 염려되어 심의 참석을 고민하는 경우도 있다. 그러나 관련학생 각각의 심의 시간 및 이동 동선은 엄격히 구분되어 있고 최대한 불편함이 없도록 진행하고 있으므로 크게 걱정하지 않아도 된다.

학교폭력대책심의위원회의 주된 목적은 학교폭력 사실 관계를 정확히 확인하는 데에 있다. 심의위원들은 당시의 상황, 사실 관계에 대한 구체적인 질의를 통해 학교폭력 사실 관계를 명확히 파악하고, 이를 바탕으로 적절한 조치를 결정한다. 이 과정에서 사건이 발생한 경위와 당시 상황에 대한 질문이 이어지다 보면 심의위원들의 질문이 다소 딱딱하게 들릴 수도 있다. 그로 인해 위로나 따뜻한 격려를 기대했던 보호자들이 실망하는 경우도 적지 않다. 그러나 심의위원회는 상처의 치유를 위한 자리가 아니라, 객관적인 사실을 바탕으로 학교폭력에 대한 적법하고 공정한 판단과 조치를 내리는 자리임을 반드시 기억해야 한다.

　심의위원회 진술 시 유의점도 있다. 심의위원들은 사전에 관련 자료를 모두 검토한 후 심의에 참석한다. 관련 자료에는 심의에 참석한 관련학생 자신이 작성하거나 제출한 자료도 있지만, 상대방 또는 목격 학생이 작성한 것도 포함되어 있다. 심의위원들이 이미 사건의 전반적인 상황을 어느 정도 파악하고 심의에 임한다는 뜻이다. 따라서 심의위원들의 질문에는 가능한 한 솔직하게 답하는 것이 중요하다. 거짓 진술은 결국 증거와 자료 검토를 통해 드러날 수밖에 없으며 오히려 신뢰를 잃는 결과를 초래할 수 있다.

　아울러 심의위원회 질의 시간에는 학생이 먼저 답을 하고 보호자는 학생의 답변이 끝난 이후 추가적인 설명이나 의견을 진술해야 한다. 장애 등 특별한 사정이 있거나 초등학교 저학년 학생과 같이 스스로 진술하는 것이 어려운 경우가 아니라면, 최대한 학생이 직접 자신의 생각을 충분히 표현할 수 있도록 해야 한다. 학생이 진술할 수 있는 상황임에도 불구하고 보호자가 대신 답변을 하거나 학생의 진술을 가로막고 너무 많은 이야기를 하는 것은 바람직하지 않다. 학생이 직접 경험한 사실과 감정을 설명할 수 있도록 하고 필요할 때만 도움을 주어야 한다.

　마지막으로, 학교폭력대책심의위원회 심의위원은 전문성과 공정성을 두루 갖춘 자격 있는 자들로 구성되어 있다. 구체적으로는 학생들의 학부모를 포함하여, 판사·검사·변호사 등 법률전문가, 학교폭력 업무 전담 경찰관, 의사 자격이 있는 사람, 교원 중 학교폭력 업무 또는 학생생활지도 업무 담당 경력자가 포함된다. 이들 심의위원은 엄격한 절차를 거쳐 위촉되며, 매 학기 또는 매 분기마다 역량 강화를 위한 연수를 받아 꾸준히 전문성을 기르고 있다. 또한 학교폭력예방법은 심의의 공정성을 보장하기 위해 위원에 대한 제척, 기피, 회피 사유를 규정하고 있어 이해관계가 있는 경우 심의에서 제외되도록 정하고 있다. 이처럼 심의위원회는 다양한 분야의 전문가와 학부모가 균형이 있게 참여하여 학교폭력 사안에 대하여 공정한 심의가 이루어질 수 있도록 할 뿐만 아니라 적절한 장치를 통해 신뢰를 높이고 있다.

「학교폭력 예방 및 대책에 관한 법률 시행령」 제14조(심의위원회의 구성·운영)

① 심의위원회 위원은 다음 각 호의 어느 하나에 해당하는 사람 중에서 해당 교육장이 임명하거나 위촉된다. 이 경우 제5호의2에 해당하는 사람은 반드시 포함해야 한다.

1. 해당 교육지원청의 생활지도 업무 담당 국장 또는 과장

1의2. 해당 교육지원청의 관할 구역을 관할하는 시·군·구의 청소년보호 업무 담당 국장 또는 과장

2. 교원으로 재직하고 있거나 재직했던 사람으로서 학교폭력 업무 또는 학생생활지도 업무 담당 경력이 2년 이상인 사람

2의2. 「교육공무원법」 제2조 제2항에 따른 교육전문직원으로 재직하고 있거나 재직했던 사람

3. 법 제13조 제1항에 따른 학부모

4. 판사·검사·변호사

5. 해당 교육지원청의 관할 구역을 관할하는 경찰서 소속 경찰공무원

5의2. 법 제20조의6 제1항에 따라 학교폭력 예방 및 근절을 위해 학교폭력 업무 등을 전담하는 경찰관

6. 의사 자격이 있는 사람

6의2. 「고등교육법」 제2조에 따른 학교의 조교수 이상 또는 청소년 관련 연구기관에서 이에 상당하는 직위에 재직하고 있거나 재직했던 사람으로서 학교폭력 문제에 대하여 전문지식이 있는 사람

6의3. 청소년 선도 및 보호 단체에서 청소년보호활동을 2년 이상 전문적으로 담당한 사람

7. 그 밖에 학교폭력 예방 및 청소년보호에 대한 지식과 경험이 풍부한 사람

3. 새치기는 용서할 수 없어

[신체폭력/중학생]

수업이 끝나기가 무섭게 현준이는 전속력으로 내달렸다. 아니, 사실은 수업 끝나기 한참 전부터 엉덩이가 들썩거렸다. 오늘 급식 메뉴는 닭강정. 급식표에 동그라미를 쳐 놓고 오늘만 기다려 왔다. 마침 현준이네 반인 3반이 이번 주 급식 순서 1번 그룹이라 운 좋으면 1등으로도 먹을 수 있을 것 같았다. 하지만 안타깝게도 식당에는 이미 달리기가 빠른 친구들 여럿이 먼저 도착해서 줄을 서 있었다. 하필 현준이 자리가 교실 안쪽 창가 자리여서 다른 친구들보다 늦게 출발할 수밖에 없었던 게 문제였다. 현준이는 한숨을 내쉬며 먼저 도착한 다른 학생들 뒤로 줄을 섰다. 배에서는 연신 끄르륵 소리가 나는데 연기가 모락모락 나는 닭강정을 보니 미칠 것 같았다. 그때 앞쪽에 서 있던 정우 패거리들이 떠드느라 줄을 제대로 서지 않는 바람에 줄 간격이 조금 벌어져 있는 게 눈에 들어왔다. 현준이는 잽싸게 달려가서 벌어진 틈 안으로 슬쩍 끼어들었다. 찰나의 순간이라 아무도 눈치채지 못했을 거라 생각했다.

"야 이 씨발새끼야, 뒤로 가라."

떠드느라 몰랐을 줄 알았던 정우가 현준이 어깨를 툭 치며 말했다. 현준이는 못 들은 척 고개도 돌리지 않고 가만히 서 있었다. 이대로 비키긴 싫었다.

"이 새끼가 미쳤나. 왜 새치기를 하냐고. 너 진짜 죽고 싶냐? 빨리 뒤로 가라고!"

현준이는 이 상황이 너무 무안했다. 주변의 아이들이 모두 숨죽이며 이 상황을 지켜보고 있는 것만 같았다. 그렇다고 지금 순순히 뒤로 가면 새치기를 인정한 꼴이 되니 그럴 순 없었다.

"하, 씨발. 이 미친년아! 비키라고!"

화가 난 정우가 현준이의 팔을 낚아채려는 순간, 현준이는 뒤를 돌아 쥐고 있던 젓가락으로 정우의 목을 찔렀다. 목을 움켜쥔 정우가 현준이를 잡으려고 하자 현준이는 다시 젓가락으로 정우의 얼굴을 찔렀다. 정우가 현준이보다 키가 한 뼘 이상 컸지만, 급작스러운 상황에 정우는 전혀 방어하지 못한 채 악 소리와 함께 그 자리에 주저앉고 말았다. 식당은 상황을 목격한 아이들의 비명으로 아수라장이 되었고, 입구에서 급식 지도를 하다가 놀라서 달려온 선생님이 정우를 보건실로 데리고 간 뒤에야 가까스로 상황은 종료되었다.

정우가 보건실로 가고 현준이도 선생님의 호출을 받고 상담실로 향했다. 조용한 상담실에 들어서자 현준이는 비로소 정신이 들었다. 사실 젓가락으로 찌를 생각은 없었는데, 정우가 애들 앞에서 큰 소리로 욕을 하자 도저히 참을 수가 없었다. 새치기를 한 건 잘못이지만, 그렇다고 애들이 다 있는 데서 공개적으로 망신을 주고 욕을 한 정우에게도 책임이 있다는 생각이 들었다. 정우가 힘도 더 세고 체격도 크기 때문에 그렇게라도 나를 지켜야 했다고 말하고 싶었다.

그날 이후로 아이들은 만나기만 하면 급식실에서의 사건을 이야기하느라 바빴다. 워낙 많은 학생이 상황을 목격했기에 소문은 삽시간에 온 학교에 퍼졌다. 다행히 정우는 크게 다치진 않았지만, 목과 얼굴 부위에 제법 큰 상처가 나서 치료를 받아야 했다. 예상했던 대로 정우와 정우의 부모님은 현준이를 학교폭력으로 신고했다. 현준이는 정우를 찌른 행위만큼은 정우에게 사과할 생각이 있었다. 다만 정우가 그저 새치기했다는 이유로 공개적으로 욕을 하고 망신을 준 행위에 대해서는 정우에게 확실하게 사과를 받고 싶었다.

법으로 해결하기

"요즘엔 신체폭력 같은 학교폭력 사건은 없죠?" 학교폭력 사안 담당 변호사로 일하면서 종종 들었던 질문 중에 하나다. 요즘 같은 시대엔 물리적 폭력보다 사이버폭력과 같은 형태의 괴롭힘이 훨씬 많을 거라고 생각하기 때문에 던지는 질문일 것이다. 그러나 교육부에서 실시한 2024년도 학교폭력 조사 결과를 보면, 언어폭력이 39.4%로 가장 높은 비중을 차지하였고 그다음으로 신체폭력과 집단 따돌림이 각 15.5%를 차지하여 여전히 신체폭력에 의한 학교폭력의 비중이 높다는 것을 알 수 있다.

2024년 1차(전수 조사) 및 2023년 2차(표본 조사) 학교폭력 실태조사 결과 발표(교육부)

사안의 경우 현준이가 먼저 새치기를 했고, 정우는 그런 현준이에게 욕설을 하였다. 그리고 화가 난 현준이가 젓가락으로 정우의 목과 얼굴을 찔렀다. 우발적이기는 하나, 현준이는 정우에게 심각한 상해를 입혔다. 젓가락으로 찌른 행위는 위험한 물건을 휴대하여 상해를 입힌 것으로 형법상 특수상해죄에 해당할 수 있다. 정우의 입장에서는 현준이로부터 적절한 피해 보상과 함께 현준이의 학교폭력 가해행위에 대한 조치를 바랄 것이다.

「형법」
제258조의2(특수상해)
① 단체 또는 다중의 위력을 보이거나 위험한 물건을 휴대하여 제257조 제1항 또는 제2항의 죄를 범한 때에는 1년 이상 10년 이하의 징역에 처한다.

제257조(상해, 존속상해)
① 사람의 신체를 상해한 자는 7년 이하의 징역, 10년 이하의 자격정지 또는 1천만원 이하의 벌금에 처한다.
② 자기 또는 배우자의 직계존속에 대하여 제1항의 죄를 범한 때에는 10년 이하의 징역 또는 1천500만원 이하의 벌금에 처한다.

정우가 현준이를 학교폭력 가해학생으로 신고한다면, 학교에서는 적극적으로 사건 당시 현장에 있었던 학생들로부터 학생 확인서를 받아야 한다. 학교폭력 사안 중에는 당사자들이 서로 다른 주장을 하여 사실 관계를 확정하기 어려운 경우가 많으나, 이 사안은 여러 학생이 함께 있는 급식실에서 벌어진 사건이었으므로 사실 관계에 대한 다툼은 적을 것으로 보인다.

 정우는 현준이가 새치기를 해 놓고도 자신에게 상해를 가하였다고 주장하며 현준이의 잘못을 크게 부각시킬 것이다. 상해 진단서를 포함하여 치료를 위해 병원에 방문했던 기록도 제출할 수 있다. 반면 현준이는 상해를 입힌 잘못은 인정하면서도, 그동안 정우와 특별한 문제가 없었다는 점에서 가해행위의 지속성이 없음을 강조할 것이다. 우발적이라는 점에서 고의성이 없다고 주장할 가능성도 있다. 그러나 현준이의 입장에서 어떠한 주장을 하든 정우가 입은 신체적, 정신적 피해를 고려할 때 현준이에게 가벼운 처분이 결정되기는 어려워 보인다. 참고로 정우와 현준이 사례와 같이 하루에 발생한 사건이라도 수차례의 가해행위가 있었던 경우 '지속성'이 있다고 판단한 판례도 있다(대전지방법원 2022. 12. 14. 선고 2021구합106004 판결). 법원은 "지속성이란 학교폭력이 계속되는 정도를 말하는 것으로, 같은 기회에 가해진 폭력이라 하더라도 소요된 시간이나 구체적인 행위의 태양(態樣, 생긴 모습이나 형태)에 따라 어느 정도 지속성이 있는 것으로 평가될 수 있다."라고 판시하며, 해당 학교폭력이 가해학생에 의해 의도적으로 중지된 것인지 아니면 외부적인 요인으로 중단된 것인지, 피해학생이 해당 학교폭력이 지속되었다고 느낄 만한 상황이었는지 등을 고려하여야 한다고 보았다. 이 판례에 따르면 현준이의 행위도 지속성이 인정될 수 있다.

　한편 현준이는 정우도 현준이에게 욕설을 하였다는 점에서 사과받길 원하고 있다. 그러나 이 사안에서 현즌이가 맞폭으로 신고하는 것은 바람직한 방법이 아닐 수 있다. 먼저 새치기를 한 것도, 폭력을 행사한 것도 현준이였다는 점에서 욕설로 인한 피해를 주장하기보다는 정우에 대한 진심 어린 반성의 태도를 보이는 것이 더 바람직한 대처가 될 것이다.

교육적으로 해결하기

중학생 시기에는 분노 조절이 어렵고 감정 표현이 서툴러서 순간적으로 감정을 통제하지 못하는 경우가 종종 있다. 특히 무시당했다고 생각되면 작은 자극에도 자기방어적 공격성을 나타낼 수 있다. 이때 누군가가 내 감정을 알아주지 않으면 분노가 더욱 증폭되고 이것이 타인을 향한 공격성으로 표출되는 것이다. 가정이나 미디어 등을 통해 '참는 건 바보 같은 것'이고, '먼저 세게 나가야 당하지 않는다'라는 공격적, 충동적 해결 방식의 문화를 접하면서 모델링을 통해 공격성을 학습하기도 한다.

이 사안은 다수의 학생이 있는 공개적인 장소에서 발생한 중학생 간의 폭력 행위로 사안의 심각성을 볼 때 학교폭력 신고가 불가피해 보인다. 어떤 조치가 나올지는 심의위원회에서 정해지겠지만, 문제는 심의 이후이다. 어떤 조치를 받든지 피해학생인 경우에게는 충분한 회복이, 가해학생인 현준이에게는 학교 재적응이, 목격자 학생들에겐 심리적 안정이, 그리고 학급 전체 구성원들에겐 관계 회복이 반드시 필요하다. 무엇보다 이 중요하고도 섬세한 과제를 잘 해내기 위한 담임 교사의 역량도 꼭 필요하다. 물론 필요한 경우, 병원, Wee센터, 심리 상담 센터 등 전문 기관이나 전문가의 도움을 받아야 할 수도 있다. 이때 어느 시점에 어떤 형태의 지원이 필요한지 파악하여 연결하는 것도 담임 교사를 포함한 학교의 역할이다.

(1) 피해학생에게 필요한 지원

- 피해학생이 심리적 안정을 회복하도록 안전하고 보호받고 있다는 걸 느낄 수 있는 환경을 만들어 준다.
- 만약 가해학생과의 완전한 분리가 어려울 경우에는 학급 내 2차 피해가 발생하지 않도록 사전에 학생들을 대상으로 예방 교육을 한다.
- 먼저 피해학생의 의견을 묻고 설령 그 의견을 받아들이기 다소 어렵다고 해도 진심으로 반영해 주기 위해 노력한다. 피해학생은 교사가 자신의 마음을 공감하고 반영해 주는 경험을 하는 것만으로도 회복에 도움이 될 것이다.
- 필요한 경우, 피해학생이 정서적 안정을 찾을 수 있도록 상담교사나 전문 상담 기관을 연계한다.

※ **예시**
- 요즘 마음이 어때? 선생님이 너에게 해 줬으면 하는 게 있을까?
- 그런 생각이 떠오르는 건 아주 자연스러운 일이야. 선생님은 네가 이 일을 잘 이겨 낼 수 있다고 믿어.
- 언제든지 다시 이야기하고 싶을 때 말해 줘.
- 선생님이 네 얘기는 언제든지 진지하게 들을게. 선생님은 네가 안전하다고 느끼는 게 아주 중요하거든.

(2) 가해학생에게 필요한 지원

- 가해학생도 위기 상황에 있는 10대 청소년이라는 사실을 기억하자.
- 선생님만큼은 이 학생을 편견 없이 바라볼 수 있는 어른이라는 걸 알려 줄 것. 즉 '네가 한 행동은 잘못되었지만, 선생님은 너를 포기하지 않는다'라는 메시지를 충분히 전달한다.
- 학생이 분노 조절을 훈련할 수 있도록 위클래스나 외부 상담 기관을 연결해서 지속적으로 전문적인 치료를 받을 수 있게 돕는다.

* **예시**

- 요즘 마음이 어때? 선생님은 네가 마음이 불편하진 않을까 걱정이 되었어.
- 네가 한 행동은 분명히 잘못된 거야. 그래도 선생님은 네가 학교에서 잘 지낼 수 있기를 진심으로 바라고 있어. 그 마음으로 선생님은 너의 얘기를 듣고 싶어.
- 그날 왜 그렇게 화가 났던 건지, 선생님은 널 좀 더 이해하고 싶어. 그날 어떤 일이 있었는지, 네 마음은 어땠는지 얘기해 줄 수 있을까?
- 중요한 건 앞으로의 일이야. 너도 다시 친구들과 잘 지내고 싶지? 선생님은 그걸 도와주고 싶어.
- 너 혼자 바꾸라고 하지 않을게. 선생님이랑 같이 천천히 바꿔 보자.

(3) 학급 내 관계 회복

- 사건 자체에 대한 설명보다는 앞으로에 초점을 둔 접근이 필요하다.
- 우리는 누구나 실수할 수 있고, 다시 회복할 수 있는 공동체라는 메시지를 지속적으로 준다.
- 느낌 카드나 질문 카드 등을 활용하여 서로 마음 상태를 나누는 시간을 갖는다.
- 피해·가해·목격학생 모두가 각자 다른 이유로 불안할 수 있다. 이들이 안전하다고 느낄 수 있도록 돕는 것이 중요하다. '네가 느끼는 감정은 잘못된 게 아니다'라는 메시지를 준다.
- 교육지원청 등에서 운영하는 학급 단위 관계 회복 프로그램을 신청해서 2~5회기 정도 운영한다.

4. 말해 준 게 잘못이에요?

[사이버폭력/중학생]

"수아야, 잠깐 나랑 얘기 좀 할래?"

희영이가 쭈뼛거리며 수아를 불렀다. 희영이의 심상치 않은 표정에 수아는 알 수 없는 불안감이 엄습했다. 가던 걸음을 멈추자, 희영이는 아무 말 없이 휴대폰을 내밀었다. 인스타 단체 DM방 캡처본이었다.

"이게 뭔데? 왜 나한테 보여 주는 거야?"

"읽어 봐."

희영이가 내민 휴대폰 화면의 캡처본을 본 순간 수아는 가슴이 철렁 내려앉았다.

- 야, 오늘의 수아년은 뭐냐? 빨리 올려 봐.

- 이거야. 씨발 이년 눈깔 봐. 지가 섹시한 줄 알고 ㅈㄴ 웃겨.

- ㅋㅋㅋㅋㅋ 오늘도 기대를 저버리지 않는군. 지가 찍히는지도 모

르고 ㅈㄴ 병신같아.

더 이상 보고 싶지 않았다. 아니, 차마 볼 자신이 없었다. DM방 안에는 세현이, 윤서, 경민이 그리고 희영이까지 네 명이 있는 듯했다. 언뜻 보았을 뿐이지만, 캡처본에는 수아를 찍은 사진 여러 장과 수아에 대한 욕설로 도배가 되어 있었다.

"이걸 너한테 말해 줘야 하는 걸까 엄청 고민했어. 근데 아무래도 너가 알아야 할 거 같아서. 나는 거기서 아무 말도 안 했어. 진짜야. 수아야, 그건 믿어 줘. 애들이 말할 때 나는 전혀 끼지 않고 조용히 있었어."

수아는 아무 말도 들리지 않았다. 조금 전에 헤어지면서 저녁에 학원에서 만나자고 다정하게 인사했던 세현이와 윤서가 이런 말을 했다는 게 믿어지지 않았다. 이런 DM방이 있었다는 것도 놀라웠고 거기에서 자신을 몰래 찍은 사진들과 이런 말들이 오갔다는 건 말로 표현할 수 없을 만큼 충격이었다. 수아는 떨리는 목소리를 애써 진정시키며 물었다.

"대체 이 방이 언제부터 있었던 거야?"

희영이는 머뭇거리다가 한숨을 내쉬며 말했다.

"어… 그게… 한 달쯤 된 거 같아."

알고 보니 한 달 전쯤부터 아이들이 수아의 사진을 몰래 찍어서 올리고 욕설과 조롱을 하고 있던 것이었다. 이런 줄도 모르고 내내 세현이와 윤서 그리고 희영이와 친하게 지낸 걸 생각하니 수아는 배신감에 심장이 터질 것 같았다.

"그런데 넌 지금 와서 이걸 나한테 왜 보여 주는 거야? 너도 거기에 있었잖아."

"아니야, 아니야, 수아야. 내가 거기에 있었던 건 맞지만, 나는 진짜로 아무 말도 안 했어. 제발 믿어 줘. 처음에는 그냥 한두 번이겠지 하고 조용히 있었는데, 걔네들이 계속 너 사진을 올리고 말도 너무 심하게 해서 아무래도 너한테 알려 줘야겠다는 생각이 든 거야. 나는 너랑 친하니까 나라도 얘기해 줘야 할 거 같아서. 진짜 나는 ㅋㅋㅋ도 한 적 없고, 단 한마디도 한 적 없어. 진짜 맹세할 수 있어."

희영이는 다급하게 손사래를 치며 말했다. 수아는 대체 희영이가 이걸 왜 자기에게 알려준 건지 아무리 이해하려고 해도 도저히 이해되지 않았다. 어쩌면 이걸 캡처까지 해서 보여 준 희영이한테 더 화가 났는지도 모르겠다.

DM방의 친구들 모두 수아와 친한 사이였기에 앞으로의 학교생활을 생각해서 이대로 모르는 척하고 넘어갈까도 고민이 되었다. 하지만 그랬다가는 평생 이 일을 잊지 못할 거 같았다. 수아는 고민 끝에 세현이, 윤서, 경민이 그리고 이 사실을 알려 주고 캡처본까지 보여 준 희영이까지 모두 학교폭력으로 신고하기로 했다.

법으로 해결하기

요즘 학생들은 뒷담화도 사이버상에서 하는 경우가 많다. 예전 같았으면 화장실에서 속닥거리고 말았을 것을 단체 채팅방에서 하는 것이다. 그렇다면 단체 채팅방에서 우리끼리 한 이야기가 피해학생에 대한 모욕(또는 명예훼손)에 해당할 수 있을까. 형법상 명예훼손과 모욕은 '공연성'이 있어야 함을 전제로 한다. 공연성이란 불특정 또는 다수인이 인식할 수 있는 상태를 말하는데, 판례는 개별적으로 소수의 사람에게 사실을 적시하였더라도 그 상대방이 불특정 또는 다수인에게 적시된 사실을 전파할 가능성이 있는 때에는 공연성을 인정한다. 즉 다수인이 인식할 만한 방법으로 공공연하게 명예훼손을 한 것은 아니라 할지라도 개별적으로 적시한 행위가 다수인에게 전파가 될 가능성이 있다면 그것 역시 명예훼손으로서의 '공연성' 요건을 갖추었다고 보는 것이다.

「형법」

제307조(명예훼손)

① 공연히 사실을 적시하여 사람의 명예를 훼손한 자는 2년 이하의 징역이나 금고 또는 500만원 이하의 벌금에 처한다.

② 공연히 허위의 사실을 적시하여 사람의 명예를 훼손한 자는 5년 이하의 징역, 10년 이하의 자격정지 또는 1천만원 이하의 벌금에 처한다.

제311조(모욕)

공연히 사람을 모욕한 자는 1년 이하의 징역이나 금고 또는 200만원 이하의 벌금에 처한다.

명예훼손과 모욕은 모두 사람의 명예를 훼손하는 범죄이나, 명예훼손은 구체적인 사실을 적시하여 명예를 침해하는 범죄인 반면, 모욕은 단순한 추상적 판단이나 경멸적 감정의 표현으로 사회적 평가를 저하하는 범죄라는 점에서 차이가 있다.

그렇다면 학생들 몇 명이 속한 단체 채팅방에서 한 이야기에 대해서는 어떨까. 누군가는 친한 친구들끼리의 대화방이고 대화의 내용을 퍼트리지 않기로 상호 약속을 하였기 때문에 공연성이 없다고 주장할 수 있을 것이다. 그러나 판례는, 채팅방에 참여한 사람들이 그 대화 내용을 퍼트리지 않기로 상호 약속하였다고 하더라도, 그 참여자 중 일부가 타인에 대해 모욕적인 표현을 사용하는 것을 본 다른 참여자가 이를 다른 사람에게 전파하지 않을 것이라고 볼 만한 특별한 관계에 있지 않고, 그 모욕적인 표현이 성적인 욕설과 비방으로서 전파될 가능성이 높은 경우 공연성을 인정하고 있다(서울고등법원(춘천) 2024. 9. 4. 선고 2024누179 판결 등). 친구들끼리 철석같이 한 약속이 있었다 할지라도 채팅방 참여자들과 피해자의 관계 및 대화방에서 나눈 대화의 내용이 어떠한지에 따라 공연성 요건을 충족할 수 있다는 의미다.

사안의 인스타 DM방은 수아와 같은 학교에 다니는 네 명이 속해 있었다. 이들은 모두 수아에 대한 이야기를 타인에게 전파하지 않을 것이라고 볼 만한 특별한 관계가 없고, 수아에 대하여 다소 수위가 높은 모욕적인 대화를 나누었다. 판례의 태도에 따르면 전파 가능성이 있어 공연성이 인정된다고 보아야 한다.

다만 같은 단톡방 안에 있었지만 아무 말도 하지 않았다는 희영이에 대해서는 가해행위가 인정되지 않을 수도 있다. 최근 서울행정법원은 세 명이 함께 있던 채팅방에서 한 친구의 'OOO 그 새끼 죽여버리고 싶다'라는 메시지에 'ㄴㄷ(나도)'라고 답한 행위에 대하여 'ㄴㄷ'라고 한 차례 답한 것만으로는 학교폭력의 고의가 없다고 보아 학교폭력을 인정하지 않았다. 같은 취지에서, 희영이가 아무런 동조도 하지 않은 것이 사실이라면 단순히 채팅방에 있었다는 이유만으로 학교폭력을 인정하기는 어려울 것이다.

한편 형법상의 모든 요건을 충족해야만 학교폭력으로 인정되는 것은 아니며, 학교폭력예방법은 보다 넓은 개념과 기준을 적용하여야 한다는 견해도 있다. 학교폭력예방법에서 '명예훼손'이나 '모욕' 등 일부 유형에 대해 형사법과 동일한 용어를 사용하고 있다고 하더라도, 학교폭력예방법의 취지와 내용을 고려할 때 학교에서의 폭력 행위를 형사상의 범죄와 동일하게 볼 수는 없다는 것이다. 이 판례에 따르면 학교폭력예방법에서는 '공연성'이 요구되지 않는다(대구고등법원

2022. 10. 21. 선고 2022누3118 판결).

　그러나 학교폭력예방법에 명예훼손이나 모욕에 관한 정의 규정이 없고, 학교폭력의 개념을 지나치게 확대하는 것은 바람직하지 않으므로 명예훼손 또는 모욕에 해당하는지의 여부를 판단할 때에도 형법상의 구성 요건인 '공연성'을 갖추고 있는지는 충분히 고려되어야 한다는 것이 일반적인 판례의 태도이다(대구지방법원 2024. 5. 8. 선고 2023구합25727 판결 등).

　결국 학생이 일상적인 학교생활 중 다른 학생에 대하여 부적절한 언행을 한 것만으로는 학교폭력으로 인정되기에 부족하고, 해당 언행의 구체적인 내용과 수위, 발언 횟수, 언행 전후의 상황, 그와 같은 언행을 하게 된 경위, 표현의 정도 그리고 불특정 또는 다수인이 인식할 수 있는 상태인지 여부 등을 종합적으로 고려하여 명예훼손이나 모욕에 해당하는지를 판단하여야 한다(위 판례).
　사안에서 세현이, 윤서, 경민이는 채팅방에서 수아에 대해 수위가 높은 비방과 욕설을 지속적으로 주고받았고, 그 내용이 유포되어 피해학생에게 정신적인 피해를 초래하였다. 판례에 따르면 이러한 행위는 명예훼손 또는 모욕에 의한 학교폭력 가해행위로 인정될 수 있다. 친구들과의 단체 채팅방이라 할지라도 책임과 징계가 뒤따를 수 있다는 점을 기억하자.

교육적으로 해결하기

우스갯소리로 '뒷담화의 심리학'이라는 말이 있을 정도로 뒷담화는 다양한 얼굴을 갖고 있다. 나이와 관계없이 사람들은 뒷담화를 통해 일상의 스트레스를 풀기도 하고 뒷담화로 인해 크고 작은 갈등에 휩싸이기도 한다. 어느 조직이든지 뒷담화를 하면서 친해지는 거라며 뒷담화의 정당성을 주장하는 사람도 있을 정도다. 그러니 '뒷담화'라는 건 세상 모든 사람이 다 하는 거 아니냐며, 고작 뒷담화 좀 한 걸로 신고까지 해야 하겠냐고 말할 수도 있다. 반은 맞고 반은 틀린 이야기다. 뒷담화의 수준이 어느 정도냐에 따라 달라질 수 있다는 뜻이다.

사실 수아에 대한 뒷담화는 '고작 뒷담화'의 수준이라고 보긴 어렵다. 단순한 뒷담화를 넘어서 사이버상의 괴롭힘, 몰래 촬영, 모욕 등이 얽혀 있기 때문이다. 하지만 그렇다고 덥석 신고부터 하게 되면 수아와 희영이, 그리고 다른 친구들과의 관계는 회복되는 게 거의 불가능해진다. 자칫하면 신고 이후에 수아의 마음이 오히려 더 힘들어질 수도 있다. 무엇보다 중학생 시기에는 깊이 생각하지 못한 채 분위기에 휩쓸려 잘못된 행동을 하는 경우가 적지 않다. 도덕적으로 옳고 그름을 명확히 분별하거나 상대방의 마음을 세심하게 헤아리는 게 부족하기에 뭔가 찝찝하면서도 어영부영 분위기에 휩쓸리는 것이다. 이런 상황에서 무작정 학교폭력 신고부터 하게 되면 가해학생들은 자신의 잘못을 깨달을 새도 없이 조치 결과부터 받고는 오히려 억울하다고 생각하며 수아를 원망하게 될 수도 있다. 수아 역시 가해학생들이 징계를 받게 되는 결과만으로 마음의 상처가 치유되긴 어려울 것이다.

이들의 진정한 관계 회복과 수아의 상처 치유를 위해서는 먼저 가해관련학생들 스스로 자신의 행동을 성찰하고 진심으로 반성하여 실제 행동의 변화가 일어날 수 있도록 도와주어야 한다. 왜 이런 행동을 시작하게 되었는지, 그 결과로 그들이 얻은 게 무엇이었는지를 스스로 돌아보고 자신들의 행동이 타인에게 준 영향을 엄중하게 인식함으로써 수아에게 진정한 사과를 할 수 있게 되는 것이다.

이런 상담자 겸 중재자의 역할은 전문성을 가진 외부 전문가가 맡을 수도 있지만, 아주 복잡하고 심각한 사안이 아니라면 담임 교사도 충분히 할 수 있다. 아니, 어쩌면 학생들을 가장 잘 알고 있는 담임 교사야말로 최고의 적임자인지도 모르겠다. 이때 교사는 먼저 관련학생들에 대한 1:1 상담을 충분히 진행하고, 이후 소그룹 활동까지 병행하기를 권한다. 중요한 건 가해관련학생들에게 '이건 아주 분명하고도 심각한 잘못임'을 인지시키는 단호함과 '선생님은 네가 바뀌고 성장할 수 있도록 도와주고 싶다'라는 따뜻한 정서적 지지의 균형을 놓치지 말아야 한다는 사실이다. 만약 장기적인 상담이나 정서 조절 훈련 등이 필요하다고 판단되면 외부 전문 상담 기관과도 연계할 수 있다.

여기에서는 인지 행동 치료인 CBT Cognitive Behavioral Therapy의 기법을 응용한 질문을 소개한다. CBT는 생각, 감정, 행동 간의 연계를 바탕으로 먼저 '생각'을 바꾸고 이에 따라 '감정'과 '행동'을 바꾸도록 돕는 상담 기법 중 하나이다. 해당 자격을 보유한 상담전문가가 진행함이 원칙이나, 핵심 기법이 잘 유목화되어 있고 구체적이기 때문에 일반 교사도 가벼운 갈등 해결이나 자기 이해, 정서 조절 등에 일부 적용해 볼 수 있다.

(1) 1단계: 사고 인식

- 자동적 사고 Automatic Thoughts 를 알아차리기
- 질문을 통해 뒷담화를 한 학생이 특정 상황에서 어떤 생각을 했는지 알아차리도록 돕는다.

  질문 그때 너는 어떤 생각이 들었어?
  그 생각이 사실이라고 확신할 수 있을까?
  왜 그렇게 생각했을까?
  다른 애들이 먼저 뒷담화를 시작했다면, 그럼 너는 왜 같이 뒷담화를 했을까?

(2) 2단계: 사고-느낌-행동 연결

- 자신의 생각이 느낌과 행동에 어떤 영향을 주었는지 연결하기
- 자신의 행동을 돌아보면서 적어 보기

  질문 그 생각을 했을 때 어떤 느낌이 들었어?
  그 느낌이 너의 행동에 어떤 영향을 주었을까?

그 행동으로 어떤 일이 생겼어?

너의 이 행동이 어떤 결과를 가져왔다고 생각해?

그 결과로 네가 얻은 건 뭐였을까?

답변 [상황] 수아가 친구들에게 새로 산 옷을 자랑함 → [생각] 또 이쁜 척하네 → [느낌] 짜증, 질투 → [행동] 몰래 사진을 찍어서 DM 방에 올림 → [결과] 수아가 상처를 받고 학교폭력 신고를 함

(3) 3단계: 대안적 사고 찾기

- 왜곡된 사고를 인식하고 보다 현실적이고 건강한 대안적 사고를 스스로 찾아보기

    질문 다시 그때로 돌아간다면 그 상황에서 다른 생각을 할 수 있을까?

    그 다른 생각을 했을 때 너의 느낌과 행동은 어떻게 달라졌을까?

    답변 [생각] 또 이쁜 척하네 → 예쁘네

    [느낌] 짜증 → 존중

    [행동] 몰래 사진 찍기 → 무반응

(4) 4단계: 회복적 대화, 관계 회복

- 자신의 행동이 상대방에게 준 영향을 알고 진정성 있게 사과하기
- 수아와의 관계를 회복하기 위해 노력하기

    질문 너의 행동이 수아에게 어떤 영향을 주었을까?

    수아가 그 대화방 내용을 보았다면 어떤 기분이었을 거 같아?

다시 그 상황이 온다면 어떻게 행동하고 싶어?

지금 수아에게 어떤 말을 하고 싶어?

앞으로 어떻게 하면 좋을까?

(5) 5단계: 행동 수정, 행동 계획 수립

・앞으로 비슷한 상황에서 내가 선택할 수 있는 행동 체크리스트 만들기

질문 다음에 또 비슷한 일이 생기면 어떻게 행동할 수 있을까?

너 스스로 정한 목표가 있을까?

너를 도와줄 수 있는 방법이 있을까?

5. 일부러 발을 걸었잖아

[신체폭력/초등학생]

"선생님, 눈 와요!!!"

예준이의 잔뜩 신난 목소리에 아이들의 시선은 일제히 창문 밖을 향했다.

"선생님, 밖에 나가면 안 돼요? 눈사람 만들고 싶어요!!"

아이들은 너나 할 것 없이 선생님을 졸랐다. 결국 선생님은 들뜬 아이들을 위해 수업 종료를 15분 남겨 놓고 함께 운동장으로 향했다. 제일 신난 건 예준이였다. 눈이 오는 걸 가장 먼저 발견한 것도 예준이였고, 나가게 해 달라고 가장 적극적으로 졸랐던 것도 예준이였다. 그렇게 주체할 수 없을 만큼 잔뜩 신이 난 게 문제였다면 문제였을까. 예준이는 운동장 전체에 눈사람 군대를 만들고 싶었다. 우리 학교를 지키는 눈사람 군대를 운동장에 세워 놓으면 얼마나 멋질지 생각만 해도 가슴이 두근거렸다. 친구들에게 이 계획을 말하자 다들 신이 나서 경쟁하듯 눈사람을 만들기 시작했다. 남학생들이 뛰어다니며 눈덩이를 굴리니 순식간에 10여 개의 눈사람이 만들어졌다. 예준이는 더 큰 눈사람을 만들고 싶은 욕심에 계속 눈덩이를 이리저리 굴렸다. 그런데 다급하게 눈덩이를 밀며 뛰어다니다가 그만 눈사람의 팔을 붙이고 있던 도윤이의 발에 걸려 바닥에 넘어지고 말았다. 하필 넘어진 바닥에 제법 큰 돌이 박혀 있었던 바람에 바지가 찢어지고 구릎도 꽤 많이 까졌다.

"어, 미안해. 예준아."

도윤이가 놀라서 예준이를 일으켜 주었다. 예준이가 넘어진 걸 본 선생님도 급히 달려와서 예준이의 바지를 털어 주고 상처를 확인했다. 넘어져서 까진 무릎에서 피가 나고 있었다. 예준이는 무릎이 아프긴 했지만, 그래도 눈사람은 계속 만들고 싶었다. 선생님과 함께 보건실에 가서 상처를 치료한 뒤, 다시 운동장에 돌아와 만들던 눈사람까지 다 완성하고 났더니 욱신거리던 무릎도 괜찮아진 것 같았다. 선생님도, 예준이도, 도윤이도, 그리고 반 친구들도 운동장에 가지런히 도열한 눈사람 군대를 보면서 환호성을 질렀다.

문제는 그다음 날이었다. 아침 일찍 예준이 어머니가 담임 선생님께 상담을 신청하더니 오후에 학교로 찾아왔다.

"선생님, 우리 예준이 무릎에 상처 보셨어요? 애가 이 지경이 되었는데, 선생님은 왜 전화 한 통 없으셨어요?"

다짜고짜 화를 내는 예준이 어머니에게 자초지종을 설명드렸지만, 예준이 어머니는 막무가내였다.

"도윤이라는 애가 우리 예준이한테 발을 걸었다면서요? 예준이는 아무렇지도 않다고 얘기하는데, 우리 애가 착하고 순진해서 분위기 파악이 제대로 안 되는 거 같아요. 선생님, 이거 분명한 학폭이잖아요."

선생님이 그게 아니라고, 그냥 예준이가 우연히 도윤이의 발에 걸려 넘어진 사고일 뿐이라고 설명했지만, 예준이 어머니는 점점 더 언성을 높였다.

"학교가 이런 식으로 사안을 축소, 은폐하려고만 하니까 우리 예준이처럼 순진한 애들이 계속 상처를 받는 거예요. 선생님, 애가 무릎이 다 까져서 피가 철철 났는데도 이렇게 안이하게 대처하시면 어쩌자는 거예요? 아니, 됐어요. 더 긴말할 필요 없고요. 저는 그 도윤인가 뭔가 하는 그 아이, 학폭으로 신고할 테니까 빨리 신고서 양식이나 주세요."

법으로 해결하기

학교폭력 가해행위는 고의의 행위만을 다루는 것일까, 아니면 과실에 의한 것들도 포함되는 것일까. 과실로 인해 발생한 일이 학교폭력으로 인정될 수 있는지 궁금해하는 경우가 많다. 이 사안과 같이 과실임이 분명한 상황에서 학교폭력 신고가 이루어졌을 때, 법원은 이를 어떻게 판단하는지 살펴보자.

결론부터 이야기하면 학교폭력예방법은 고의로 인한 행위만을 대상으로 하고 있다. 과실로 인하여 신체적 피해를 입힌 사실이 있다 하여도 이를 학교폭력의 가해행위로 인정하지 않는다는 것이다. 학교에서 무수히 많은 활동을 하며 서로 부딪히기도 때로는 상처를 입기도 하는데, 이를 모두 학교폭력으로 본다면 지나치게 많은 학교폭력 가해학생들을 양산하게 될 것이므로 학교폭력예방법의 취지에 부합하지 않는다.

사안은 허구의 사실이나, 실제로도 흔히 발생하는 일이다. 특히 초등학교에서는 체육을 하다가, 쉬는 시간에 장난을 치다가 실수로 신체 피해를 입히는 일이 자주 일어난다. 이런 경우 일부 학부모들은 학교폭력 아니냐며 문의를 하지만, 판례의 태도는 명확하다. "학교 내외에서 학생을 대상으로 발생한 상해 중 고의에 의한 것만이 학교폭력에 포함되고, 과실에 의한 것은 학교폭력에 포함되지 않는다(인천지방법원 2024. 1. 12. 선고 2023구합55003 판결 등)."

판례에서, A와 B는 중학교 2학년 같은 반에 재학 중이었다. 두 학생이 이동 수업 후 교실로 돌아가던 중 A의 팔꿈치가 B의 입 부분을 충격하는 사건이 발생하였고, 이로 인해 B는 4주간의 치료가 필요한 치아의 아탈구(치아와 잇몸 경계의 출혈과 치아의 흔들림이 있는 상태) 등의 상해를 입었다. 심의위원회는 A가 팔꿈치로 B의 입 부근을 때린 사실을 인정하고 학교에서의 봉사 10시간 등의 조치를 결정하였다. 그러나 법원은 제출한 증거만으로는 A가 고의를 가지고, 즉 장난으로든 또는 공격의 의사로든 자신의 팔꿈치를 휘둘러 이 사건 사고를 저질렀다고 인정하기 부족하고 과실에 의해 발생하였을 가능성이 상당하다고 보아 학교폭력을 인정하지 않았다. 특히 팔꿈치로 상대방의 입을 때린다는 것은 상대방에 대한 가해와 공격의 의사를 매우 강하게 드러내는 행위에 해당하는데, 이 사건 사고를 앞두고 A와 B가 다투었다고 볼 만한 정황도 없고, 심의위원회 심의 당시에도 'A가 이유 없이 그냥 장난으로 때렸다'라는 취지로 답하였을 뿐이었으므로 A가 고의로 이러한 행동을 할 만한 동기가 없었던 것으로 판단한 것이다. 결국 법원은 A에 대한 교육장의 조치를 모두 취소하는 판결을 내렸다(위 판례).

만약 예준이 어머니의 신고로 이 사안이 학교폭력대책심의위원회의 심의를 받게 된다면, 심의위원들은 평소 예준이와 도윤이 사이의 관계, 사건의 발생 경위, 관련학생들 및 목격학생들의 확인서 등을 모두 검토하여 도윤이에게 상해의 고의가 있는지를 확인한다. 심의위원들의 검토 결과 도윤이에게 상해의 고의를 인정하기 어려운 경우 이 사안은 '조치결정 없음'으로 마무리될 것이다.

교육적으로 해결하기

이 사안은 예준이와 도윤이 사이의 갈등이라기보다는 학부모의 오해로 인해 발생하게 된 경우라고 볼 수 있다. 예준이와 도윤이의 관계에는 아무 문제가 없는데도 이를 문제라고 인식한 예준이 어머니의 분노를 해결하는 것이 교사의 가장 큰 숙제인 셈이다.

최근 들어 자기 효능감Self-Efficacy의 중요성이 강조되면서 많은 학부모가 자녀의 자기 효능감을 높이는 방법에 관심을 나타내고 있다. 자기 효능감이란 '자신에게 주어진 과제를 성공적으로 잘 해낼 수 있다는 믿음'으로, 자기 효능감이 높은 학생일수록 학업 성취나 갈등 해결 능력, 정서 조절 능력이 높다는 연구 결과가 여러 차례 나온 바 있다. 문제는 자기 효능감을 잘못 해석하거나 오해하여 자녀가 실패나 갈등을 전혀 겪지 않도록 과잉보호를 하는 경우이다. 즉 내 아이는 뭐든지 잘해야 하며, 자존감이 떨어질 수 있으니 친구 관계에서 절대 상처받으면 안 되고, 아이가 좌절할 수 있으므로 절대 잘못을 지적해서는 안 된다고 생각하는 것이다. 이처럼 자기 효능감을 무조건 '잘할 수 있다고 생각하는 믿음'이라고 오해하여 '칭찬은 고래도 춤추게 한다'라는 것에만 집중하게 되면 예준이 어머니처럼 작은 갈등 상황에도 과잉 개입을 하여 무조건 피해-가해 구도로 몰아가게 된다. 부모가 모든 상황마다 개입하여 아이의 현실 상황을 조작하거나 무조건 방어하게 되면 아이는 스스로 갈등을 해결하는 방법을 배우지 못하고 작은 문제도 위기로 인식하게 되며 불편한 상황을 다른 사람의 탓으로 돌리게 될 수 있다.

사실 교사로서 이런 학부모를 설득하는 건 쉽지 않다. 자칫하면 '선생님은 도윤이 편을 드는 것이냐'라는 오해도 받을 수 있다. 이런 오해를 줄이기 위해 학부모 상담 시에는 비폭력 대화의 핵심 구조인 '관찰-공감-느낌-욕구-부탁'을 바탕으로 대화를 이끌어 보면 좋겠다.

* **예시**
- [관찰] 예준이 어머님, 제가 먼저 그날 상황을 자세히 말씀드릴게요. (예준이가 넘어진 상황을 관찰 가능한 객관적 어휘로, 최대한 구체적으로 묘사한다.)
- [공감] 예준이가 넘어졌다는 이야기를 들으셨을 때 어머님께서 많이 놀라시고 걱정하셨을 거 같아요. 저도 어머님의 마음이 충분히 이해됩니다.
- [느낌] 저도 예준이가 넘어진 걸 보고 놀라기도 했고 걱정도 되었어요. 아이들이 함께 노는 과정에서 크고 작은 사고가 날 수 있다는 건 알지만, 예준이가 아팠을 걸 생각하니 마음이 안타까웠어요.
- [욕구] 어머님께서는 예준이가 안전한 환경에서 친구들과 잘 어울리길 바라시는 거죠? 저도 어머님과 같은 마음이에요.
- [부탁] 괜찮으시다면 도윤이와 예준이가 함께 이야기를 나눠 보는 시간을 가져 보면 어떨까요? 어머님께서도 예준이와 도윤이의 마음을 들어 보시면 서로의 마음을 이해하는 좋은 기회가 될 거 같아요.

- [마무리] 저도 예준이를 비롯한 저희 반 아이들이 모두 학교에서 안전하고 행복하게 잘 지내는 게 가장 중요하다고 생각합니다. 앞으로 더 세심하게 지도하고 이런 일이 생기지 않도록 아이들에게 안전 교육을 더 하겠습니다. 어머님도 이런 방향으로 함께 도와주실 수 있으실까요?

[생각의 틈새]
학교폭력대책심의위원회, 법과 교육 사이 어디쯤
신서희

    학교폭력으로 신고된 사례 중에서는 TV 드라마에서나 볼 법한 강력한 사안도 있지만, 그보다는 굳이 이걸 '신고'까지 할 필요가 있었을까 싶어 씁쓸해지는 사안이 더 많다. 그와는 별개로 제3자의 눈으로 바라보는 사안의 심각성 수준과 관련학생의 학부모가 체감하는 심각성 수준에 적지 않은 차이가 나는 경우도 많다. 친구 사이의 사소한 말다툼이나 뒷담화, 욕설 등을 이유로 신고한 경우에도 실제 체감하는 심각성의 격차는 상당하다. 예컨대 심의위원회에서 정작 당사자인 학생은 담담하게 진술하는데, 오히려 옆에 있는 학부모는 눈물을 흘리며 "우리 아이 인생은 이제 다 끝났다. 그러니 나는 부모로서 내가 해줄 수 있는 모든 걸 다 할 것이다. 만약 여기에서 제대로 된 강력한 징계 조치가 나오지 않으면 행정심판, 행정소송도 불사하고 끝까지 갈 것이다."라고 엄포를 놓는 경우도 적지 않다. 이런 상황을 만나면 마음이 무거워진다. 과연 자녀가 보는 앞에서 부모가 "우리 아이 인생은 다 망가졌다. 그러니 절대로 상대 아이를 용서하지 않겠다."라고 말하는 것이 아이의 정서적 안정과 앞으로의 인생에 도움이 될 수 있을까. 그보다는 부모로서 아이의 마음을 충분히 공감하되, "이 일로 너의 인생이 망하는 건 절대 아니며 너에게는 이 일을 잘 이겨 낼 힘이 있다고 믿는다. 그리고 만약 상대 학생이 진심으로 사과한다면 그 마음을 잘 받아 주고 포용해 주는 것이 더 큰 사람이다."라는 지지와 격려의 메시지가 필요하지 않을까.

자녀가 가해관련학생일 경우에도 상황은 다르지 않다. 가해행위가 명확함에도 끝까지 "그런 적 없다. 기억나지 않는다. 우리 아이도 당한 게 많다."라는 태도를 고수하는 학부모를 보면 역시나 마음이 무거워진다. 과연 아이가 보는 앞에서 "무슨 일이 있어도 절대 잘못을 인정하거나 사과하면 안 된다."라는 메시지를 보여 주는 것이 아이의 인격 성장에 도움이 될 수 있을까. 그보다는 "잘못을 솔직하게 인정하고 마음을 다해 사과할 줄 아는 사람이 진짜 멋진 사람이다. 잘못은 누구나 할 수 있지만, 그 잘못을 엄중히 깨닫고 깊이 반성함으로써 지금의 잘못을 발판 삼아 성장하면 좋겠다."라는 훈육의 메시지를 주면 좋겠다.

냉정하게 말하자면 정말 심각한 일부 학교폭력 사안을 제외한 나머지 많은 사안은 '신고'하지 않고 교육적으로 해결할 수 있다고 보인다. 불과 10여 년 전만 해도 뒷담화나 말다툼 등은 학창 시절 누구나 한두 번쯤 겪는 일이었고, 남학생들끼리 치고받고 싸우는 일도 예사였다. 물론 이런 일들이 바람직하거나 아무것도 아니라는 의미는 절대 아니다. 다만 '신고'를 통해 타인으로부터 옳고 그름을 판정받고 사과를 강제하는 것이 가장 좋은 해결책인 건 아니라는 의미이다. 관계 맺음에 있어서 스스로 문제를 해결하는 경험을 쌓는 것은 학교라는 공동체에서 배울 수 있는 중요한 교육 중 하나인데, 스스로 해결하기보다는 다른 사람에게 해결을 위탁하는 경험만 쌓이는 셈이다. 무엇보다 상대에 대한 분노로 학교폭력 신고를 하고 마음이 시원해질 때까지 재신고, 맞폭, 행정심판, 행정소송, 경찰 신고 등을 이어 가는 것이 과연 아이의 성장에 어떤 도움이 되는지 고민해 보면 좋겠다. 이런 노력이 필요한 사안도 분명히 있지만, 모든 사안에서 다 이렇게 끝장을 보자는 태도가 요구되는 것은 아니기 때문이다. 이러한 분노의 감정이 아이의 것인지, 아니면 부모의 것인지 그리고 그 감정 뒤에 있는 욕구가 무엇인지 깊이 탐색하고 돌아볼 일이다.

이런 분위기 때문인지 이젠 아이들끼리의 사소한 말다툼도 일단 녹음부터 하고, SNS에서의 뒷담화는 캡처부터 하는 게 일상화된 지 오래다. 증거를 차곡차곡 모아서 학교폭력으로 신고하면 상대방은 이에 대한 맞대응으로 기억이 잘 나지 않는 오래전 농담 한마디까지 기억을 되살려 소위 맞폭 신고를 하는 악순환이 뫼비우스의 띠처럼 계속 반복되는 것이다. 게다가 학교폭력 심의 결과로 제2호 '피해학생에 대한 접촉, 협박 및 보복 행위의 금지'가 나오면 학교생활은 더 힘들어진다. 물론 지침상으로 이 접촉 금지 조치가 공간의 절대적 분리를 의미하는 것은 아니지만, 만약 같은 반 학생이라면 예방 차원에서 서로 최대한 접촉하지 않도록 자리 배치나 모둠 편성 등을 할 때 신경을 쓸 수밖에 없다. 즉 이젠 친구들 사이에 갈등이 발생하면 서로 증거 자료를 모아 학교폭력 신고를 하고 말 한마디까지도 촘촘하게 잘잘못을 따진 뒤, 끝내 다시는 안 볼 사이가 되는 게 흔한 일이 되었다. 부모도 이런 분위기와 크게 다르지 않아서 아이들끼리의 다툼이 부모 간의 자존심 대결과 감정싸움으로 확대되는 경우가 빈번하다. 이런 일련의 과정 사이에 이해나 용서, 사과, 포용, 연결, 회복 등이 끼어들 틈은 없다. 그렇다고 교사가 섣불리 중재에 나서는 것도 쉽지 않으니 학교폭력 사안 신고는 해가 갈수록 늘어날 수밖에 없는 것이다.

이런 때일수록 학교폭력대책심의위원회가 분위기에 휩쓸리지 않고 중심을 잘 잡아 주면 좋겠다. 심각한 가해행위에 대해서는 엄중히 판단하되, 아이들끼리의 교우 관계 갈등이나 다툼에 대해서는 학교폭력 해당 여부를 명확하게 분별함으로써 무분별한 신고나 엄벌주의 분위기가 확대되지 않도록 역할을 해야 한다는 생각이다. 법과 교육 사이 어딘가에 서 있는 학교폭력대책심의위원회의 존재 목적과 전문성이 갈수록 중요해지는 요즘이다.

6. 내가 투명 인간이야?

[따돌림/중학생]

 너나 할 것 없이 설레며 기다렸던 수학여행이지만, 효언이만큼은 예외였다. 수학여행 날짜가 가까워 올수록 가슴이 답답해졌다. 그냥 수학여행을 가지 말까도 생각했다. 그래도 평생 한 번뿐인 수학여행이니 포기하고 싶진 않았다. 이런 이유로 가지 않으면 나중에 후회할 것 같았다. 가서 눈치 안 보고 아무렇지도 않게 보란 듯이 잘 다니면 그만이라고 생각했다. 효언이는 마음을 단단히 먹고 일찌감치 수학여행 버스에 올라 뒤쪽 좌석에 앉았다. 아이들이 하나둘씩 버스에 타자 효언이는 마음이 점점 조급해졌다. 예상했던 대로 아무도 효언이의 옆자리에 앉지 않았고, 결국 반 친구들이 모두 탈 때까지 효언이 옆자리는 끝내 빈자리로 남았다. 효언이는 심장이 조여드는 것 같은 기분에 창밖만 바라보고 있었다. 애써 아무렇지도 않은 표정을 지으려 했지만, 사실은 전혀 괜찮지 않았다. 눈물이 왈칵 쏟아질 것 같아서 지금이라도 당장 버스에서 내리고 싶었다.

이게 다 민아 때문이다. 작년만 해도 민아는 효언이의 베프였다. 하지만 작년 2학기에 효언이가 다른 친구한테 민아에 대한 험담을 한 걸 민아가 알게 되는 바람에 다툼이 생겼고 이 때문에 사이가 멀어지게 되었다. 하필 올해 또 민아와 같은 반이 되었는데, 외향적인 민아가 반 친구들 사이에서 주도적인 역할을 하게 되면서 효언이는 자연스럽게 혼자가 되었다. 민아가 일부러 다른 친구들에게 자신을 따돌리게 만든 건지, 아니면 다른 친구들이 민아의 눈치를 보는 건지 알 수 없지만, 반 친구들 누구도 효언이에게 먼저 말을 걸지 않았다. 그렇다고 효언이를 괴롭히는 것도 아니었다. 효언이가 다른 친구들에게 말을 걸면 다들 친절하게 응대해 주었다. 그러나 쉬는 시간에도, 점심을 먹을 때도, 이동 수업을 하러 갈 때도 효언이는 늘 혼자였다. 아무도 효언이를 끼워 주지 않았다. 효언이의 착각일 수도 있겠지만, 아이들이 모여 있다가도 효언이가 다가가면 갑자기 하던 이야기를 멈추고 분위기가 어색해지기 일쑤였다. 수업 시간에 모둠을 편성할 때도 효언이는 같이 하자는 친구가 없어서 늘 마지막으로 남는 모둠에 편성되곤 했다.

곰곰이 생각해 보면 사실 효언이랑 아예 말을 하지 않고 불편한 관계인 친구는 민아 한 명뿐이고, 민아 역시 효언이를 대놓고 따돌리거나 째려보거나 면전에서 욕을 한 적은 없었다. 민아가 다른 친구들에게 효언이와 놀지 말라고 시킨 증거도 없다. 그럼에도 효언이는 이 모든 일의 배후에 민아가 있다고 확신했다. 자기를 따돌리고 그것도 모자라 수학여행까지 이렇게 망쳐 놓은 민아를 도저히 용서할 수 없었다. 이건 학교폭력 신고 외에는 다른 방법이 없을 것이다. 물론 학교폭력으로 신고하고 나면 민아와는 영영 돌이킬 수 없는 관계가 되겠지만, 그걸 감수하고서라도 효언이는 이 억울함을 풀고 싶었다. 비록 증거는 없지만, 이 따돌림의 배후에는 민아가 있는 게 분명하니 민아는 이에 대한 처벌을 받는 게 마땅하다는 생각이 들었다.

법으로 해결하기

효언이는 민아가 따돌림의 주동자라고 생각하며 학교폭력 신고를 하기로 다짐하였다. 그동안 민아를 포함하여 어느 누구도 자신에게 먼저 다가오지 않았고, 수학여행지로 떠나는 버스에서조차 혼자였으니 마음이 많이 힘들었을 것이다.

학교폭력예방법 제2조 제1의2호는 따돌림을 '학교 내외에서 2명 이상의 학생들이 특정인이나 특정 집단의 학생들을 대상으로 지속적이거나 반복적으로 신체적 또는 심리적 공격을 가하여 상대방이 고통을 느끼도록 하는 모든 행위'로 정의하고 있다. 여기서 '2명 이상의 학생들'이라고 하여 반드시 가해학생의 수가 2명 이상이어야 하거나 조치 대상이 2명 이상이어야 하는 것은 아니다. 효언이는 민아와 그 외 친구들이 자신에게 다가오지 않는 행동을, 학교폭력예방법에서 정의한 '지속적, 반복적으로 심리적 공격을 가하여 고통을 느끼게 하는 행위', 즉 따돌림에 해당한다고 생각했을 수 있다.

그러나 효언이의 생각처럼 민아가 실제로 다른 친구들로 하여금 효언이와 가까이 할 수 없도록 효언이에 대한 따돌림을 주도하였는지는 알 수 없다. 활발한 성격의 민아가 여러 친구들과 어울린다고 하여 효언이를 따돌리는 것이라 단정 지을 수도 없다. 같은 반 친구들 모두가 사이좋게 어울린다면야 더할 나위 없이 좋을 테지만, 자신과 더 잘 어울릴 수 있는 친구와 가깝게 지내는 것이 잘못은 아니기 때문에 효언이에게 다가가지 않은 것을, '함께 어울리지 않은 학교폭력 행위'라 할 수 없는 것이다. 결국 따돌림 역시 학교폭력의 범위로 들어오기 위해서는 지속적이고 반복적으로 신체적 또는 심리적 공격을 가하였는지, 그 가해행위를 인정할 만한 증거가 있는지가 중요하다.

실제 사례에서는 가해학생이 피해학생에게 다음 날 열리는 친구의 생일 파티에 2명만 갈 수 있다고 거짓으로 말한 것이 따돌림으로 인정되었다. 피해학생은 생일 당사자로부터 직접 초대를 받고 생일 파티에 참석했고, 생일 파티 장소에 여러 친구들이 모여 있는 것을 보고 가해학생의 말이 거짓이었음을 알게 되었다. 또한 가해학생은 교내 장기자랑 때 다른 친구들에게는 "모두 F팀을 선택하고 피해학생에게는 말하지 말라."라고 이야기한 후 피해학생에게는 "다 함께 H팀을 선택하자."라고 말하였다. 가해학생의 말을 믿은 피해학생은 결국 혼자 다른 팀으로 배정이 되었다. 법원은 이러한 일련의 행동을 따돌림에 의한 학교폭력 가해행위로 인정하였다.

한편 우리 사안에서는 민아가 효언이에게 어떠한 행위를 하였는지 나와 있지 않다. 만약 효언이의 짐작만 있을 뿐 민아의 행위에 대한 구체적인 이야기나 증거가 없다면 심의위원회는 학교폭력을 인정하지 않을 수 있다. 피해학생의 주장만으로는 학교폭력을 인정할 수 없기 때문이다.

교육적으로 해결하기

　중학생은 친구가 전부라고 해도 과언이 아닐 만큼 친구 관계가 중요한 시기이다. 친구 관계에 갈등을 겪으면서 학교 부적응, 공황 장애, 우울 등을 호소하는 예도 빈번하다. 그중에서도 정서적으로 가장 힘든 경험 중 하나가 바로 소위 '왕따'라 부르는 집단 따돌림일 것이다. 최근 들어 중학생들의 집단 따돌림은 다양한 형태로 나타나며 이전에 비해 한층 더 복합적이고 은밀한 형태로 전개되는 경향이 있다. 즉 대놓고 괴롭히는 것이 아니라 점심시간이나 쉬는 시간에 고의로 혼자 남게 상황을 만들거나, 질문을 해도 대답을 하지 않고 화제를 바꿔 버리는 등, 말하기도 애매하게 상황을 은밀히 조성하는 것이다. 특히 온라인에서도 은근한 괴롭힘이 이어져 여러 명이 동시에 피해학생의 SNS를 언팔하거나 피해학생이 인스타그램 스토리를 올리자마자 여러 명이 동시에 자신들의 인스타그램 상태 글에 스토리 내용을 조롱하는 글을 올리는 등, 은근하고 미묘한 형태로 따돌림이 이어지는 경우가 빈번하다. 심지어 피해학생조차 자신이 따돌림을 당하고 있는지 제대로 인지하지 못할 수도 있다.

　이런 현상에 대해 레이철 시먼스의 《소녀들의 심리학》에서는 청소년기의 여학생들이 겪는 은밀한 공격성에 주목하고 있다. '착한 소녀' 이데올로기의 영향, 즉 착한 소녀는 욕구를 쉽게 드러내지 않아야 하며, 드러내더라도 티 나지 않아야 한다는 사회적 기대로 인해 청소년기의 여학생들이 분노, 질투, 경쟁심 등의 감정을 억압하게 된다는 것이다. 그리고 이는 직접적인 표현이 아닌 은밀한 공격의 형태로 왜곡되어 나타나곤 한다.

이러한 징후는 눈에 잘 띄지 않으므로 교사가 유의 깊게 관찰하는 것이 무엇보다 중요하다. 물론 이 사안에서 실제로 민아가 효언이를 따돌렸는지의 여부는 알 수 없다. 다만, 교사가 보기에 조금이라도 따돌림을 당하거나 혹은 따돌림을 당한다고 스스로 생각하는 학생이 있다면 좀 더 유심히 지켜보며 작은 변화도 민감하게 포착해야 한다. 웃음이 줄거나 수업의 모둠 활동에서 배제되는 경우가 늘어나고 지각, 조퇴, 결석이 늘어난다면 즉시 개별 상담을 진행하기를 권한다. 이때 비폭력 대화의 '관찰-느낌-욕구'의 구조로 이야기를 이어 간다면 상담에 도움이 될 것이다.

* 예시
- [관찰] 효언아, 어제 효언이가 혼자 급식실로 점심 먹으러 걸어가는 걸 봤어.
- [느낌] 선생님이 그걸 보면서 좀 걱정이 됐어(마음이 좀 무거웠어).
- [욕구] 선생님은 효언이가 학교에서 마음 편하게 지냈으면 좋겠어(효언이가 친구들과 편안하게 어울리는 걸 보면 선생님도 마음이 기쁘고 안심이 될 것 같아).
- [부탁] 혹시 요즘 친구들 사이에서 불편하거나 속상한 일이 있다면 선

생님한테 얘기해 줄 수 있을까?

만약 효언이가 말하기를 원하지 않거나 제대로 대답하지 않는다면 말하기를 강요하지 않고 기다려 주어야 한다. 무엇보다 교사는 판단하지 않고, 충고하지 않고, 있는 그대로 잘 들어 주는 게 중요하다.

* **예시**
  - [욕구] 선생님은 효언이 마음을 잘 알고 싶고 효언이와 같이 고민해 주고 싶어.
  - [부탁] 지금 당장 이야기하지 않아도 효언이가 원할 때 조금씩 말해 줘도 괜찮아.

효언이와의 개별 상담을 충분히 진행하고 난 뒤에는 민아와의 개별 상담도 필요하다. 효언이와 민아의 개별 상담을 각각 진행하고 나서, 이들이 상대방의 말을 들을 준비가 되었다고 판단되면 마지막으로 민아를 포함한 관련학생들과의 소그룹 상담이나 회복적 서클 집단을 운영하기를 권한다. 회복적 서클 집단은 교사가 직접 진행하는 것이 좋지만, 좀 더 전문적인 집단상담이 필요하다고 판단되면 교육청의 화해 중재단 등의 지원을 받거나 관련 상담 전문가를 초빙해서 운영할 수도 있다. 만약 효언이와 민아의 갈등이 따돌림의 핵심 원인이라면 회복적 서클 모임을 실시하기 전에 먼저 효언이와 민아의 갈등 중재를 위한 예비 중재, 본 중재 단계를 거치는 것도 좋다. 이때 교사는 판단하거나 결론을 내리지 않고 중립적인 입장에서 중재자의 역할을 수행해야 한다. 여기에서는 본 중재의 시작 문구만 소개한다.

* **예시**

교사: 오늘 이 자리는 누구를 탓하거나 잘못을 판단하는 자리가 아니라 서로의 마음을 들어 보려는 자리야. 선생님은 효언이와 민아의 마음이 서로에게 잘 전해지고 서로 연결되도록 돕고 싶어. 그럼 누가 먼저 이야기할까?
효언: 제가 먼저 얘기할게요.
교사: (민아에게) 효언이가 먼저 얘기해도 괜찮을까?
민아: 네. 괜찮아요.
교사: 고마워. (효언이에게) 효언이는 어떤 일이 있었는지 효언이의 느낌을 솔직하게 말해 줄래?

본 중재를 위한 대화모임을 처음 시작할 때 누가 먼저 이야기할지를 정하는 건 중요하다. 먼저 이야기할 사람을 교사가 임의로 지정하거나 상대방의 동의 없이 어느 한 사람이 먼저 이야기를 시작할 경우, 상대방은 교사가 한쪽 편을 든다고 오해할 수도 있기 때문이다. 만약 서로 먼저 이야기하겠다고 주장하거나, 아무도 먼저 이야기하려고 하지 않는다면 질문을 바꾸어서 "누가 먼저 들을 준비가 되었을까?"라고 물어보는 것도 좋은 방법이다.

  한편 대화모임(본 중재)을 갖기 전에 효언이와 민아와 각각 개별 상담(예비 중재)을 진행하고 이들에게 사전 동의를 받아야 함을 기억하자. 또한 갈등 중재를 위한 대화모임 진행 시, 학생들이 느낌이나 욕구를 표현하기 어려워한다면 느낌, 욕구 카드 등의 도구를 활용할 수 있다. 이때 중재자의 역량은 대화모임 진행의 중요한 포인트가 되므로 필요하다면 중재 관련 연수를 이수하거나 중재 전문가의 도움을 받기를 권한다.

7. 강제일까 합의일까

[성폭력/고등학생]

"예린아, 이 사진 뭐야? 이거 너야?"

채은이가 보낸 DM을 보자마자 예린이는 가슴이 철렁 내려앉았다. 어떻게 대답해야 할지 아무 생각이 나지 않았다.

"이 사진 어디서 났어?"

"건우가 보내 줬어. 근데 이거 진짜 너 맞는 거야?"

예린이는 채은이에게 아무 대답도 하지 못한 채 서둘러 대화를 종료했다. 일단 건우에게 확인을 해 봐야 할 것 같았다.

"건우야, 너 채은이한테 준 사진 어디서 난 거야?"

건우는 바로 DM을 확인했지만, 한동안 아무 대답이 없었다. 한참이 지난 뒤에야 짧은 대답이 왔다.

"어… 그거… 나도 잘 기억이 안 나는데….”

예린이가 계속 다그치자, 건우는 주원이 폰에서 우연히 보게 되었는데, 그게 너라고 주원이가 얘기했는지는 기억이 잘 나지 않는다며 얼버무렸다. 여자 친구인 채은이한테만 살짝 보여 주었을 뿐, 다른 애들 누구에게도 말하거나 사진을 보여 주지 않았다면서 연신 미안하다고 하는 건우의 태도에 예린이는 점점 더 화가 났다. 결국 건우의 계정을 차단한 뒤, 거의 뜬눈으로 밤을 지새웠다. 대체 건우는 어떻게 이 사진을 갖고 있는 건지, 혹시 다른 애들도 다 알고 있는 건 아닌지 걱정이 되고 두려워서 잠을 잘 수가 없었다. 만약 애들이 사진을 봤다면… 그건 정말 생각도 하기 싫었다.

그날 주원이랑 코인 노래방에 가지 말았어야 했다. 주원이와 사귄 지 일주일쯤 지났을 때부터 주원이는 계속 예린이를 졸랐다. 딱 한 번만 해 주면 더 이상 조르지 않겠다고. 물론 예린이가 성 경험이 없는 건 아니었지만, 그렇다고 이렇게 성급하게 주원이의 부탁을 들어주고 싶진 않았다. 그렇게 3개월쯤 지나면서 예린이와 주원이는 툭탁거리면서도 점차 가까워졌다. 어느 날, 코인 노래방에 가자는 주원이의 제안에 예은이는 아무 생각 없이 따라갔다가 얼떨결에 성관계를 갖게 되었다. 사실 엄밀히 말해서 성관계를 갖게 된 건 강제와 합의, 그 중간 어디쯤이었다. 처음엔 강하게 거부했지만, 남학생인 주원이를 힘으로 이기는 건 역부족이었고 나중에는 예린이도 못 이기는 척 관계를 갖게 된 것이었다.

문제는 거기서 끝이 아니었다. 매일 밤, 주원이는 예린이에게 사진을 보내 달라고 계속 DM을 보냈다. 가슴 사진 한 장 찍어 주는 게 뭐가 그렇게 어렵냐고 협박과 애원을 반복했다. 결국 예린이는 자신의 가슴 사진을 찍어 주원이에게 보내 주었다. 그러다 얼마 전, 사소한 다툼으로 예린이는 주원이와 헤어지게 되었고, 바로 다른 남자 친구를 사귀게 되었다. 당연히 주원이와 성관계를 가졌던 것도, 가슴 사진을 보내 준 것도 까맣게 잊고 있었다. 이런 일이 일어날 거라고는 꿈에도 생각하지 못했다. 채은이의 DM에 아무런 답을 하지 못했던 건 당황하기도 했지만, 사진을 찍어서 보내 주었다는 사실조차 잊고 있었기 때문이었다.

결국 예린이는 다음 날 등교하지 못했다. 반 아이들을 볼 자신이 없었다. 대체 누가 얼마큼 알고 있는지, 사진은 대체 어디까지 퍼진 건지 겁이 났다. 무엇보다 헤어졌다고 해서 성관계한 걸 소문내고 사진까지 유출한 주원이를 용서할 수 없었다. 코인 노래방에 갔을 때 분명히 거부 의사를 밝혔는데도 억지로 관계를 가진 건 명백한 성폭력이며, 사진을 요구한 것도 모자라 그 사진을 유출한 건 범죄라는 생각이 들었다. 지금 상황에서 더 이상의 소문을 막기 위해서는 학교폭력 신고가 최선일 것이다. 아니, 경찰 고소까지도 해야 할까.

법으로 해결하기

성폭력과 관련된 문제는 학교폭력 사안 중에서도 특히 처리하기 까다로운 분야에 속한다. 사안의 심각성과 학생들이 겪는 심리적 충격을 고려하여 신중하고 세심한 접근이 필요할 뿐만 아니라, 일반적인 학교폭력과는 다른 처리 절차를 거쳐야 하기 때문이다.

교사는 아동·청소년 성범죄 신고의무자에 해당한다. 따라서 학교폭력 담당 교사가 학생으로부터 성범죄와 관련한 학교폭력 사안을 접수 받으면 그 즉시 경찰에 신고하여야 하고 신고를 받은 경찰은 성범죄 형사 수사에 착수한다. 한편 학교폭력 담당 교사는 이와 동시에 여느 학교폭력 사안과 동일하게 교육지원청에 사안 접수 보고 등 학교폭력 사안 처리에 필요한 절차도 진행한다. 결국 성범죄와 관련한 학교폭력 사안은 경찰의 형사 수사와 교육지원청의 학교폭력 사안 처리가 동시에 이루어지는 것이다.

> 「아동·청소년의 성보호에 관한 법률」 제34조(아동·청소년대상 성범죄의 신고)
> ① 누구든지 아동·청소년대상 성범죄의 발생 사실을 알게 된 때에는 수사기관에 신고할 수 있다.
> ② 다음 각 호의 어느 하나에 해당하는 기관·시설 또는 단체의 장과 그 종사자

는 직무상 아동·청소년대상 성범죄의 발생 사실을 알게 된 때에는 즉시 수사기관에 신고하여야 한다.

1. 「유아교육법」 제2조 제2호의 유치원
2. 「초·중등교육법」 제2조의 학교, 같은 법 제28조와 같은 법 시행령 제54조에 따른 위탁 교육기관 및 「고등교육법」 제2조의 학교
2의2. 특별시·광역시·특별자치시·도·특별자치도 교육청 또는 「지방교육자치에 관한 법률」 제34조에 따른 교육지원청이 「초·중등교육법」 제28조에 따라 직접 설치·운영하거나 위탁하여 운영하는 학생상담지원시설 또는 위탁 교육시설

유형마다 다르기는 하나, 성범죄 사안 중에는 실제 범죄행위가 있었는지에 관하여 다툼이 있는 경우가 많다. 우리 사안에서 예린이는 주원이가 코인 노래방에 갔을 때 억지로 관계를 가진 사실, 예린이의 신체 부위가 찍힌 사진을 요구하고 유출한 사실, 또 자신과 주원이 사이에 있었던 일을 다른 친구들에게 소문을 낸 사실 등을 신고하려는 것으로 보인다. 그러나 주원이의 입장에서는 코인 노래방에서 예린이와 상호 동의하에 관계를 가졌다고 주장할 수 있고 예린이에게 사진을 달라고 한 적은 있지만 억지로 받아 낸 것은 아니라고 반박할 수도 있다. 유출한 것 역시 자신이 아니라고 주장할 가능성도 있다.

심의위원회는 수사 기관이 아니기 때문에 이처럼 민감한 문제에 있어 사실 관계를 확정하고 조치를 결정하는 것이 쉽지 않다. 이에 따

라 심의위원회는 조치 의결을 경찰 등의 수사 결과 통보 이후로 유보하기도 한다. 수사 기관에서 인정한 사실 관계를 토대로 학교폭력 조치를 확정하여 신뢰도를 높이고자 하는 것이다. 교육부에서 발간한 「2025 학교폭력 사안처리 가이드북」에도 성폭력 사건, 경찰 수사가 진행 중인 사건 등에 한하여 심의위원회에서 조치결정을 유보하는 의결을 할 수 있도록 정하고 있다.

사안으로 돌아와, 예린이의 주장이 사실이라면 주원이는 아동·청소년에 대한 강간 등에 해당할 수 있다. 또 예린이의 사진을 고의로 유출하였다면 「아동·청소년의 성보호에 관한 법률」에 따라 처벌 대상이 된다. 우리 법은 예린이가 자신의 신체를 직접 촬영하여 주원이에게 보냈다고 할지라도, 주원이가 예린이의 사진을 유출하였다면 범죄의 성립을 인정한다. 또한 주원이가 예린이와의 은밀한 이야기를 반 친구들에게 소문을 낸 사실이 있다면 형법상 명예훼손에 해당할 수도 있다.

한편 만 19세 미만의 형사 미성년자가 범죄를 저지른 경우, 형사재판을 통한 형사 처벌이 아닌 소년법상의 보호 처분을 받을 수 있다. 소년법은 반사회성이 있는 소년의 환경 조정과 품행 교정을 위해 보호 처분 등의 필요한 조치를 하고 소년이 건전하게 성장하도록 돕는 것을 목적으로 제정된 법률이다. 사안의 주원이 역시 아직 고등학생이므로 소년법의 적용을 받을 수 있는 나이에 해당한다. 그러나 예린이의 신고 내용이 사실이라면 주원이는 강간 등 중범죄 혐의자에 해당하므로 보호 처분을 받기 어려울 수도 있다. 그 경우 주원이는 일반적인 성인과 동일하게 형사 재판을 거쳐 형사 처벌을 받게 될 것이다.

「아동·청소년의 성보호에 관한 법률」
제7조(아동·청소년에 대한 강간·강제추행 등)
① 폭행 또는 협박으로 아동·청소년을 강간한 사람은 무기 또는 5년 이상의 징역에 처한다.

제11조(아동·청소년성착취물의 제작·배포 등)
① 아동·청소년성착취물을 제작·수입 또는 수출한 자는 무기 또는 5년 이상의 징역에 처한다.
② 영리를 목적으로 아동·청소년성착취물을 판매·대여·배포·제공하거나 이를 목적으로 소지·운반·광고·소개하거나 공연히 전시 또는 상경한 자는 5년 이상의 유기징역에 처한다.
③ 아동·청소년성착취물을 배포·제공하거나 이를 목적으로 광고·소개하거나 공연히 전시 또는 상영한 자는 3년 이상의 유기징역에 처한다.

「소년법」 **제1조(목적)**
이 법은 반사회성反社會性이 있는 소년의 환경 조정과 품행 교정矯正을 위한 보호처분 등의 필요한 조치를 하고, 형사처분에 관한 특별조치를 함으로써 소년이 건전하게 성장하도록 돕는 것을 목적으로 한다.

교육적으로 해결하기

최근 들어 학교 현장에서 성희롱, 성추행, 성폭력 등 성 관련 사안이 증가하는 추세이며 심각성과 지속성 또한 높아지고 있다. TV 드라마나 영화에서나 볼 법한 사안이 실제 학교에서도 일어나고 있는 것이 현실이다. 이 사안 역시 신고 절차 없이 교육적으로만 해결하기에는 심각성이 높은 경우로 보인다. 모든 학교폭력 사안이 그렇지만, 특히 성 관련 사안은 가해관련학생에 대한 신고나 처벌 여부와는 별개로 피해학생을 보호하는 것이 교사와 학부모에게 주어진 시급하고도 중요한 과제이다. 이 사안에서도 현재 예린이가 심리적 불안으로 등교를 하지 못하는 상황이므로 교사와 보호자는 그 심각성을 인지하고 즉시 보호 조치를 시행해야 한다.

먼저 예린이가 소문, 놀림 등의 2차 피해를 당하지 않도록 가해관련학생을 즉시 분리하기를 권한다. 필요 시 시간표를 변경하거나 교실을 이동하여 별도의 공간을 마련할 수도 있다. 또한 전문상담교사나 Wee센터, 정신 건강 복지 센터 등과 연계하여 예린이가 정서적으로 불안해 하지 않고 전문적인 상담을 받을 수 있도록 도와준다. 학급에서의 2차 가해 예방 교육도 필요하다. 현재로서는 건우와 채은이 외에 누가 주원이와 예린이의 관계를 알고 있는지, 누가 이 사진을 보았거나 사진의 존재를 알고 있는지조차 명확하지 않으므로 학급 전체를 대상으로 예방 교육, 성 인지 감수성 교육을 실시해야 한다. 이에 대한 유포, 소문 확산, 조롱, 비난도 폭력임을 명확히 안내함으로써 있을지 모르는 2차 가해를 방지한다.

　예린이에 대한 법적 보호나 학교폭력 신고 절차 진행 등은 담임 교사가 담당할 업무 범위가 아니지만, 예린이의 마음을 돌보고 2차 가해가 발생하지 않도록 학급 공동체에 대한 교육적 개입을 하는 것은 담임 교사의 역할이라고 할 수 있다. 다만, 교사가 섣불리 사건의 사실 여부를 판단하지 않도록 주의해야 하며, 사실 확인은 학교폭력대책심의위원회나 기타 전문 기관에 맡긴다. 즉 사건의 해결 자체보다는 예린이의 회복을 중심으로 한 교육적 해결 접근을 우선하기를 권한다. 사안에 따라서는 여성가족부, 디지털 성범죄 피해자 지원센터(https://www.women1366.kr/), 학교 전담 경찰관SPO 등과 협력하여 대응한다.

　교사로서 가장 우선시해야 하는 건 예린이의 심리적 안정을 돌보는 것임을 기억하자. 예린이와 상담을 진행할 때는 예린이의 마음 상태를 세심하게 관찰하고 예린이에게 과도한 회복이나 상황 회피를 강요하지 않도록 유의해야 한다. 무엇보다 예린이에게 공감과 존중의 메시지를 전하고 선생님이 예린이를 지지하고 예린이와 함께 걸어가 줄 수 있는 어른이라는 태도를 지속적으로 보여 주는 것이 중요하다. 즉 교사는 문제 해결자이기보다는 지지자, 보호자, 동행자라는 믿음을 주면 좋겠다.

※ **예시**

- 며칠 전에 채은이한테 얘기 들었는데, 예린이가 어제 학교에 나오지 않아서 선생님이 신경이 많이 쓰이고 걱정도 되었어.
- 예린이가 느꼈을 혼란이나 두려운 마음을 생각하면 너무 안타깝고 걱정도 돼.
- 선생님은 먼저 그 어떤 일도 예린이 잘못이 아니라는 걸 이야기해 주고 싶어.
- 이런 상황에서는 믿을 수 있는 어른의 도움이 필요할 수 있어.
- 선생님은 예린이가 지금 어떤 마음일지 정확히 알 수는 없지만, 어떤 마음이든 예린이의 이야기를 잘 듣고 싶어.
- 네가 원한다면 상담 선생님과 연결해 줄게.
- 혹시 지금 말하기 힘들다면 예린이가 원할 때 천천히 말해 줘도 괜찮아.

[Page+]

학교장의 긴급 조치

김유미

학교폭력예방법에는 피·가해관련학생에 대한 긴급 조치에 대해 정하고 있다. 긴급 조치는 심의위원회의 의결 전까지 학교장의 결정으로, 혹은 전담 기구의 심의를 거쳐 학교장이 결정하는 방식으로 이루어진다.

> 「학교폭력예방법」
>
> **제16조(피해학생의 보호)**
>
> ① 심의위원회는 피해학생의 보호를 위하여 필요하다고 인정하는 때에는 피해학생에 대하여 다음 각 호의 어느 하나에 해당하는 조치(수 개의 조치를 동시에 부과하는 경우를 포함한다)를 할 것을 교육장(교육장이 없는 경우 제12조 제1항에 따라 조례로 정한 기관의 장으로 한다. 이하 같다)에게 요청할 수 있다. 다만, 학교의 장은 학교폭력사건을 인지한 경우 피해학생의 반대의사 등 대통령령으로 정하는 특별한 사정이 없으면 지체 없이 가해자(교사를 포함한다)와 피해학생을 분리하여야 하며, 피해학생이 긴급보호를 요청하는 경우에는 제1호부터 제3호까지 및 제6호의 조치를 할 수 있다. 이 경우 학교의 장은 심의위원회에 즉시 보고하여야 한다.

1. 학내외 전문가에 의한 심리상담 및 조언

2. 일시보호

3. 치료 및 치료를 위한 요양

6. 그 밖에 피해학생의 보호를 위하여 필요한 조치

제17조(가해학생에 대한 조치)

① 심의위원회는 피해학생의 보호와 가해학생의 선도·교육을 위하여 가해학생에 대하여 다음 각 호의 어느 하나에 해당하는 조치(수 가의 조치를 동시에 부과하는 경우를 포함한다)를 할 것을 교육장에거 요청하여야 하며, 각 조치별 적용 기준은 대통령령으로 정한다. 다만, 퇴학처분은 의무교육과정에 있는 가해학생에 대하여는 적용하지 아니한다.

1. 피해학생에 대한 서면사과

2. 피해학생 및 신고·고발 학생에 대한 접촉, 협박 및 보복행위(정보통신망을 이용한 행위를 포함한다)의 금지

3. 학교에서의 봉사

4. 사회봉사

5. 학내외 전문가, 교육감이 정한 기관에 의한 특별 교육이수 또는 심리치료

6. 출석정지

7. 학급교체

④ 학교의 장은 학교폭력을 인지한 경우 지체 없이 제1항 제2호의 조치를 하여야 한다.

⑤ 학교의 장은 피해학생의 보호와 가해학생의 선도·교육이 긴급하다고 인정할 경우 우선 제1항 제1호, 제3호, 제5호부터 제7호까지의 조치를 각각 또는 동시에 부과할 수 있다. 이 경우 심의위원회에 즉시 보고하여 추인을 받아야 한다.

⑥ 학교의 장은 피해학생 및 그 보호자가 요청할 경우 전담기구 심의를 거쳐 제1항 제6호 또는 제7호의 조치를 할 수 있다. 이 경우 심의위원회에 즉시 보고하여 추인을 받아야 한다.

⑦ 제5항 및 제6항에 따라 학교의 장이 부과하는 제1항 제6호 조치의 기간은 심의위원회 조치결정시까지로 정할 수 있다.

⑩ 학교의 장이 제4항부터 제6항까지에 따른 조치를 한 때에는 가해학생과 그 보호자에게 이를 통지하여야 하며, 가해학생이 이를 거부하거나 회피하는 때에는 학교의 장은 「초·중등교육법」 제18조에 따라 징계하여야 한다.

긴급 조치는 신고 이후에도 함께 학교생활을 해야 하는 관련학생들의 어려움을 덜어 주고 신속하게 피해관련학생을 보호하기 위해 도입되었다. 심의위원회의 조치결정 통보를 받기까지 상당한 기간이 소요되는 점을 고려해 학교장에게 일정한 권한을 부여하여 즉각적인 조치를 가능하도록 한 것이다. 학교장의 긴급 조치는 피해관련학생에게 심리적 안정감을 제공하는 데에 중요한 역할을 한다.

다만, 긴급 조치는 사실 관계가 확정되기 전에 내려지는 임시적인 조치다. 따라서 이후 심의위원회에서 사실 관계를 확정하고, 학교장의 긴급 조치에 대한 추인 여부를 결정한다. 따라서 학교장이 긴급 조치를 결정하였다고 하더라도 심의위원회에서 '추인하지 않음' 결정을 내릴 수 있다. 하지만 긴급 조치를 결정할 당시에 필요성이 인정된다면 학교장의 긴급 조치가 문제 되지는 않는다. 반대로 심의위원회가 긴급 조치를 추인하면 일반적인 조치결정과 동일하게 조치결정으로서의 효력을 가진다.

8. 친하니까 그럴 수도 있지

[금품 갈취/중학생]

"야, 나 엄마가 카드 충전을 안 해 줬는데, 결제 한 번만 해 줘. 내일 갚을게."

이번에도 태호는 여지없이 이안이에게 따릉이 요금 결제를 부탁했다. 내일 갚는다는 말도 잊지 않았다. 사실 이안이는 태호가 따릉이를 타고 가자고 할 때부터 내심 불안했다. 약속이 있다고 거절했어야 했는데, 차마 그 말이 입 밖으로 나오질 않았다. 이번 주만 해도 벌써 세 번째였다. 태호는 세 번 모두 내일 갚겠다고 큰소리쳤지만, 갚을 기미조차 보이지 않았다. 이번 주뿐이 아니었다. 지난 한 달 동안에 이안이가 태호의 따릉이 요금을 대신 결제해 준 게 셀 수 없이 여러 번인데, 태호가 갚은 건 딱 한 번뿐이었다. 그렇다고 태호가 이안이에게 요금을 결제하도록 강제로 시키거나 강요한 건 아니었다. 단지 태호는 이안이에게 따릉이 요금을 빌려달라고 했고, 지금껏 갚지 않은 것이었다. 이안이가 용기 내어 태호에게 따릉이 요금을 갚으라고 한두 번 말해 보았지만, 태호는 번번이 "알았어, 새끼야. 내일 갚으면 될 거 아니야. 쪼잔한 새끼."라며 짜증을 내기 일쑤였다. 물론 다음 날에도 태호는 돈을 갚지 않았고 이안이는 더 이상 말을 꺼내지 못했다.

 지난 토요일에는 태호와 동찬이가 이안이에게 같이 노래방을 가자고 불렀다. 이안이도 신이 나서 따라나섰는데, 노래방에 도착해서는 갑자기 이안이에게 오늘 돈이 없으니 이번만 좀 노래방비를 내 달라고 조르기 시작했다. 태호와 동찬이가 같이 막무가내로 조르는 걸 견디지 못하고 결국 이안이는 노래방비를 혼자 내고 말았다. 따릉이 요금에 이어 노래방비까지 내고 나니 이안이는 비로소 걱정이 되기 시작했다. 만약 체크 카드에 돈이 얼마 남지 않은 걸 엄마가 아시면 뭐라고 대답해야 할지 생각이 나지 않았다. 그래도 태호는 늘 축구도 같이 하고 친한 친구니까 언젠가 돈을 다 갚을 거라고 믿고 싶었다.

 아니나 다를까 그날 저녁 이안이 엄마는 체크 카드의 잔고를 확인하고는 이안이에게 돈의 행방을 다그쳤다. 이안이는 태호가 조만간 빌린 돈을 모두 갚을 거라고 말씀드렸지만, 엄마는 불같이 화를 냈다. 내일 학교에 가자마자 무조건 태호를 학교폭력으로 신고하라고 하셨다. 이안이는 어떻게 해야 할지 막막했다. 내일 학교에서 태호를 어떻게 봐야 할지 벌써부터 걱정이 되었다. 만약 엄마가 시키는 대로 태호를 학교폭력으로 신고하면 태호나 동찬이, 그리고 다른 친구들한테 돈 안 갚았다고 학폭 신고나 하는 쪼잔한 새끼라고 욕먹을 게 뻔한데, 그건 생각만 해도 너무 싫었다.

법으로 해결하기

사람을 공갈하여 재물의 교부를 받거나 재산상의 이익을 취득하면 학교폭력에 해당한다. 여기서 공갈이란 폭행 또는 협박으로 외포심畏怖心을 일으키게 하는 것을 말하고, 폭행·협박은 사람의 의사 내지 자유를 제한하는 정도로 충분하다. 보통 학생들 사이에 폭행 또는 협박을 동반하여 돈을 빼앗거나 옷가지 등을 가져가는 것이 이에 해당될 것이다. 한편 학교폭력에서는 금전과 관련하여 '금품 갈취'를 학교폭력의 유형 중 하나로 분류하고 있다. 「2025 학교폭력 사안처리 가이드북」에는 '돌려줄 생각이 없으면서 돈을 요구하는 행위', '옷, 문구류 등을 빌린다며 되돌려주지 않는 행위'를 금품 갈취의 예로 들고 있다.

> 「형법」 제350조(공갈)
> ① 사람을 공갈하여 재물의 교부를 받거나 재산상의 이익을 취득한 자는 10년 이하의 징역 또는 2천만원 이하의 벌금에 처한다.
> ② 전항의 방법으로 제삼자로 하여금 재물의 교부를 받게 하거나 재산상의 이익을 취득하게 한 때에도 전항의 형과 같다.

학교에서 공갈(금품 갈취)로 접수된 사안들을 보면 몇 가지 공통점이 있다. 첫째는 대다수의 가해학생이 피해학생과 친한 사이, 소위 절친이라고 주장한다는 점이다. 친한 사이라서 그 정도는 빌릴 수 있었다는 것이 가해학생들의 일관된 주장이다. 그러나 심의 자료를 통해 사실 관계를 살펴보면 가해학생들은 늘 피해학생들과의 관계에서 우위를 점하고 있었고 피해학생은 가해학생과의 관계에서 가해학생의 부탁 내지 요구를 거절할 수 없는 경우가 많았다. 두 번째 공통점은 대부분의 사안이 피해학생들의 부모가 가해학생들의 금품 갈취 행위를 발견하여 신고가 이루어진다는 점이다. 학생의 신분에서는 부모로부터 한정된 용돈을 받아서 일정 기간 생활을 해야 하는 경우가 대부분인데 부모가 주는 용돈의 일부를 가해학생에게 (빌려)주면 금세 용돈이 떨어지는 상황에 놓이게 되고 결국 부모에게 용돈을 더 요구하면서 피해 사실이 드러나게 되는 것이다. 그리고 마지막 공통점이라 하면 하나같이 "곧 갚을 생각이었다."라고 진술한다는 점이다. 곧 갚을 생각인데 왜 여태 갚지 않았느냐고 반문하면 머뭇거리며 대답을 하지 못하는 것 역시 공통점으로 보아야 할까.

 금액의 크고 작고를 떠나 상대방이 원치 않는 상황에서 금전 등을 요구하고 받아 낸다면 학교폭력에 해당할 수 있다. 강압적으로 빼앗은 것이 아니라 하여도 크게 다르지 않다. 돈을 빌려주지 않으면 따돌림을 당할까 봐 갚지 않을 것을 알면서도 교부하였다면 학교폭력으로 볼 수 있다.

 이 사안의 경우 역시 이안이의 어머니가 태호의 행위를 알게 되었고 신고로 이어질 상황이 되었다. 이안이가 태호를 학교폭력 가해학생으로 신고한다면, 따릉이 요금, 노래창비 등을 갚지 않은 태호의 행위는 금품 갈취에 의한 학교폭력으로 인정될 가능성이 높아 보인다. 비록 태호가 이안이를 절친이라고 주장하더라도 말이다.

교육적으로 해결하기

    교실 내에서 학생들끼리 금전 관계로 인해 갈등이 발생하는 경우, 교사가 이를 알아차리기란 쉽지 않다. 금전 관계가 오가는 행위는 주로 학원, 노래방 등 학교 밖의 공간에서 이루어지기 때문이다. 또한 이안이나 태호처럼 친구라는 이유로 소소한 금액을 지속적으로 주고받다 보면 피해학생과 가해학생 모두 이게 잘못된 행동이라는 걸 인식하지 못할 수 있다. 그러다가 피해학생의 심리적 압박이 높아지고 피해액이 커진 뒤에야 교사나 학부모가 뒤늦게 알아차리게 되는 것이다. 만약 비행 청소년 수준의 고의성 높은 위협적 금품 갈취가 아니라면 교사는 신고에 앞서 정확한 사실 확인을 바탕으로 즉각 개입하여 상담과 교육을 먼저 실시할 필요가 있다. 중재나 교육 없이 무조건 학교폭력 신고로만 이어진다면 태호는 자신의 행동이 잘못된 것임을 충분히 깨닫지 못할 수 있고, 이안이 역시 부당한 요구에 거절의 뜻을 표현하는 법을 배우지 못할 수 있다.

    사실 이안이가 태호를 학교폭력으로 신고하느냐 마느냐보다 더 중요한 건 현재 이안이의 마음, 그리고 이후 이안이와 태호의 관계이다. 현재 이안이가 두려워하는 건 신고 이후의 태호와의 관계이기 때문이다. 따라서 교사는 신고 여부와 관계없이 상담과 중재를 통해 태호가 이 문제의 심각성을 인식하고 책임감을 배울 수 있도록 교육하는 기회로 삼으면 좋겠다. 중립적인 관점에서 이 사안을 충분히 파악한 뒤,

태호의 보호자에게도 연락하여 가정에서의 지도를 병행하는 것이 필요하다. 이처럼 태호에게는 엄격한 교육을 통해 책임감을 배우는 기회로 삼게 하고, 이안이에게는 부당한 요구에 대해 거절할 수 있는 힘을 키울 수 있도록 정서적 안전을 제공해야 한다. 또한 이안이와 태호의 관계가 힘의 위력에 의한 상하 관계가 아닌 건강한 수평적 관계가 될 수 있도록 중재 모임도 병행하면 좋겠다.

문제 해결에 정답이 있는 건 아니지만, 일반적인 접근 방식과 고민해 볼 지점은 다음과 같다.

1. 사실 확인

이안이와 태호를 각각 만나서 상담을 진행하며 구체적인 사실을 확인한다. 이때 태호는 빌린 적이 없다고 부인하거나 실제 빌린 금액이나 횟수보다 더 줄여서 말하는 등 방어적 태도를 보일 가능성이 높다. 그러므로 교사는 중립적인 자세를 유지하면서 태호의 느낌을 충분히 인정하고 수용해 주되, 거짓말하거나 회피하지 않도록 안전함을 강조하면서 단호하게 말한다. 무엇보다 이 대화가 벌을 주려는 것이 아니라 관계 회복과 교육을 위한 것이라는 것을 알려 준다.

* **예시**

- 태호야, 요즘 태호가 이안이한테 돈을 몇 번 빌렸다고 들었어. 태호 입장에서 어떤 일이 있었던 건지 선생님이 좀 듣고 싶어. 태호 생각은 어때?

- 혹시 너와 이안이의 기억이 다르거나 잘 기억이 나지 않는다면 알려 줘. 선생님은 이안이와 태호의 이야기를 다 잘 듣고 싶어.
- 선생님은 태호를 혼내려고 하는 게 아니라 태호와 이안이가 이 상황을 다르게 볼 수도 있으니 그걸 함께 살펴보자는 뜻이야.
- 혹시라도 오해하고 있는 부분이 있다면 지금이 함께 풀 수 있는 기회야. 선생님한테 솔직하게 말해 주는 게 제일 중요해.

2. 공감하여 욕구 찾기

모든 행동의 이면에는 이에 대한 욕구가 있다. 그러므로 태호가 왜 이안이에게 계속 돈을 빌렸는지, 이안이는 왜 핀잔을 감수하면서까지 계속 태호에게 돈을 빌려주었는지, 그 욕구를 살펴보는 것은 이 사안을 해결하는 데 중요한 핵심 요소이다. 단순히 표면적으로는 '돈'이지만, 그 이면에는 다른 심리적 욕구가 있을 수 있기 때문이다. 태호의 행위 이면에는 다음과 같은 심리적 욕구가 있을 수 있다. 태호와 상담을 하면서 이런 부분들을 물어봐 주는 것도 좋겠다. 태호 스스로 이러한 욕구를 인식하고 있진 못할 가능성이 높으니 말이다.

(1) 인정의 욕구

예 나에게 쉽게 돈을 빌려줄 수 있는 친구가 있다고 친구들로부터 인정받고, 관심받고 싶은 마음이 있었을까?

(2) 존중의 욕구

예 이안이가 돈을 갚으라고 말했을 때 자존심이 상하고 지적당하는 것처럼 느껴져서 방어하고 싶은 마음에 이안이에게 '쪼잔하다'라고 말한 걸까?

(3) 자율성과 주도성의 욕구

예 부모님한테 말하지 않고 내 맘대로 내가 주도하여 돈을 쓰고 싶었을까?

(4) 자극 추구의 욕구

예 별생각 없이 그냥 지루함을 해소하고 뭔가 자극이 필요해서였을까?

3. 잘못된 행동임을 교육하기

태호의 욕구를 충분히 공감해 준 뒤에는 단호하고 분명하게 그 행동이 잘못되었다는 것을 가르쳐 주어야 한다. 욕구에 대한 공감은 필요하지만, 그렇다고 그 행동 자체를 정당화하는 것은 아니라는 메시지를 잘 전달하는 균형감이 필요하다. 즉 먼저 사실을 확인하고 태호의 행동 이면의 욕구에 대해 충분히 공감해 준 뒤에 태호 스스로 자신의 행동을 돌아볼 수 있도록 책임을 강조하고 방향을 제시해 주면 좋겠다.

＊ 예시
- 어떤 이유에서든지 다른 사람의 돈을 빌리고 갚지 않는 건 책임지지 않는 행동이야.
- 이안이가 돈을 갚으라고 해서 자존심이 상했을 수는 있어. 그렇다고 해서 친구에게 쪼잔하다고 말하는 건 상대방을 무시하는 말이고, 분명히 잘못된 행동이야. 상대가 기분이 나빴다면 그건 너의 의도가 어떻든 책임이 따르는 일이야.
- 선생님은 이 일을 그냥 넘길 수는 없어. 앞으로 이런 일이 한 번 더 일어난다면 정말 큰 문제가 될 수 있다는 걸 기억하면 좋겠다.
- 태호도 스스로 돌아보고 앞으로는 책임 있는 행동을 하겠다고 약속해야 해. 태호가 먼저 책임 있는 태도를 보여 주는 게 중요해.
- 지금은 태호한테 아주 중요한 시점이야. 지금이라도 충분히 반성하고 이안이에게 진심으로 사과하면 좋겠어.

학교폭력, 변호사가 말하다

김유미

　학교는 배움의 공간이다. 학생들은 학교 안에서 지식을 함양할 뿐만 아니라 건전한 사회 구성원으로 성장하는 데에 필요한 규범과 태도를 배운다. 또래와의 상호 작용을 통해 사회성을 길러 나가는 곳 역시 학교다. 그런데 이러한 배움의 공동체인 학교가 점점 가르침을 잃어 가고 법에 기대는 것 같아 안타깝다. 특히 학교폭력 분야는 이미 법이 교육을 잠식했다고 해도 과언이 아니다.

　최근 학교폭력 사안 해결 방식은 놀라울 정도로 법률적 절차에 매몰되어 있다. 학교폭력 사안이 발생하면 모든 과정에 법이 관여한다. 조치결정에 불복하여 행정심판, 행정소송을 제기하는 것은 물론, 당사자 쌍방이 서로를 고소하고 때로는 손해 배상까지 청구하는 지경에 이르렀다. 이로 인해 법률 전문가의 도움 없이는 학교폭력 사안 해결이 사실상 불가능하다는 인식이 팽배해졌다. 학교폭력 분야의 법률시장은 최근 몇 년 사이 급격히 성장했으며, 지금의 추세라면 장래가 더욱 유망하다. 가해학생에 대한 선도·교육과 피해학생에 대한 보호를 강화하기 위해 학교폭력예방법은 개정을 거듭하지만, 법이 정교해질수록 변호사의 역할은 커지고 학교는 밀려난다. 교육보다는 법이 문제를 주도하는 실정이다.

 안타까운 점은 문제의 해결에 법률전문가가 개입하는 순간, 당사자인 학생들은 뒤로 물러나고 법률 분쟁만이 사안을 지배한다는 것이다. 애초 법률 제정의 취지대로라면 가해학생에게 필요한 것은 반성을 통한 배움이지만, 법률이 개입하는 순간 가해학생은 자신의 잘못을 축소하고 상대 학생의 잘못을 파헤치는 데 급급해진다. 피해학생에게 필요한 것은 보호와 회복이지만, 법률이 개입하는 순간 가해학생에게 더 강력한 처분을 호소하는 목소리만 있을 뿐이다.

 법률 중심의 해결 방식은 학생들만 뒷전인 것이 아니라 갈등을 통해 배움을 주었던 학교 본연의 역할도 축소시켰다. 학교에 기대했던 예방 교육은 힘을 잃었고, 교사에 대한 신뢰도 흔들렸다. 학교가 해야 할 역할을 법에 위임하면서 이제는 학교도, 교사도, 학생도 해결의 중심에 설 수 없게 되었다. 학생들에게 필요한 가르침과 회복은 온데간데없이 더 큰 갈등과 대립만이 남는 것이다.

 해마다 늘어 가는 학교폭력 발생 건수와 상처뿐인 학생들, 가르침을 줄 수 없는 학교와 사안 처리로 고통받는 교육청, 그리고 이어지는 법률 분쟁들. 우리가 법률에만 의존하여 학교폭력 문제를 해결하려고 하였을 때 얻게 된 것들이다. 지금의 방식으로는 학교폭력 문제를 근본적으로 해결할 수 없음이 학교폭력예방법 제정 이후 20년이 지난 지금 여실히 드러났다.

 이런 가운데 최근 교육부에서 학교폭력 예방 및 대책 기본 계획

(2025-2029)을 발표했다. 현장의 의견과 교육 환경의 변화를 반영하여 5개 영역 15개 과제를 제시했다. 구체적으로는 '교육 공동체가 함께 만드는 안전한 학교'를 비전으로, 신뢰받는 학교 문화를 구축하고, 교육적 해결을 지원하겠다는 내용이 담겼다. 바라기는 '학교 문화 구축', '교육적 해결'과 같은 키워드가 단순한 정책적 구호에 그치지 않길 바란다. 학교폭력 문제를 다시 교육적 해결로 끌어와, 학교가 배움의 공동체로서 제 역할을 다할 수 있도록 실질적인 힘을 실어 주어야 한다. 지금이야말로 법이 아닌 교육으로, 학교폭력 문제 해결의 방향을 옮겨 가야 할 때이다.

9. 구경만 한 건데요

[신체폭력, 방조/고등학생]

점심시간이 끝나갈 무렵, 갑자기 교실 뒤편에서 우당탕탕 소리가 들렸다. 교실에 있던 아이들이 일제히 뒤를 돌아보았다. 또 재하와 은찬이였다. 은찬이가 재하의 멱살을 잡고 사물함 쪽으로 밀치는 바람에 재하가 사물함과 청소 도구함 사이에 껴서 옴짝달싹하지 못한 채 버둥거리고 있었다.

"씨발, 이거 놔. 새끼야!"

"니가 아까 나 존나 꼬나봤잖아. 씨발, 너 죽고 싶냐?"

며칠 전에도 둘이 주먹다짐 직전까지 갔다가 주위에서 말려서 겨우 잠잠해졌는데, 결국 일이 터진 모양이었다. 무슨 일인지는 모르지만, 이번에는 뭔가 심상치 않았다. 교실에는 아이들이 열 명 남짓 있었건만 분위기가 심상치 않아서인지 누구 하나 선뜻 나서지 않고 다들 힐

끔거리며 쳐다보고만 있었다. 심지어 도형이는 이 상황을 찍을 기세로 휴대폰을 꺼내 들었다. 그 순간, 은찬이가 잠시 방심한 틈을 타서 재하가 멱살을 쥔 은찬이의 손을 비틀었다. 하지만 어린이 축구팀 출신인 은찬이는 호락호락하지 않았다. 바로 재하의 팔을 움켜쥐더니 다른 손으로 재하의 복부를 가격했다. 재하는 외마디 비명과 함께 배를 움켜쥔 채 털썩 주저앉았다. 은찬이는 분이 풀리지 않는 표정으로 주저앉은 재하를 쳐다보며 씩씩거리고 있었다. 싸움이 더 커지기 전에 빨리 선생님을 불러와야 할 것 같은데, 아이들은 그저 이 상황을 빤히 쳐다보고만 있었다. 말리는 사람도, 싸움에 끼어드는 사람도 없었다. 그나마 다행히 복도를 지나가던 다른 반 학생이 놀라서 교무실로 달려가 선생님을 불러온 덕분에 싸움이 더 크게 이어지진 않았다.

　결국 재하는 며칠 뒤, 은찬이를 학교폭력으로 신고했다. 그런데 재하가 신고한 사람은 은찬이 한 명이 아니었다. 재하는 당시 교실에서 싸움을 쳐다보고 있었던 8명의 친구 모두를 가해관련학생으로 신고했다. 신체폭력을 방조했다는 이유에서였다. 영상을 찍기 위해 휴대폰을 꺼내 들었던 도형이, 사물함이 넘어질까 봐 사물함을 붙잡고 있었던 진서, 간식을 먹다가 놀라서 쳐다본 세경이 등 교실 내에서 빤히 쳐다보고만 있었던 친구들을 모두 신고한 것이었다. 물론 재하도 당시 현장에 있었던 8명의 친구 모두가 가해학생이 아니라는 건 알고 있었다. 하지만 재하는 자신이 은찬이에게 맞을 때 물끄러미 쳐다보고 있었던 아이들의 눈빛을 잊을 수가 없었다. 모두 같은 반 친구들인데,

아무도 말려 주지 않았고 선생님을 부르러 간 사람도 없었다는 것에 대해 배신감을 느꼈다. 엄밀히 말하면 이런 폭력 상황을 방조한 것도 가해라는 생각이 들었다. 이렇게 자존심이 상한 이상, 은찬이 한 명만 신고할 수는 없었다.

법으로 해결하기

재하와 은찬이가 주먹다짐을 한 이후 재하는 은찬이와 함께 당시 교실에 함께 있던 8명의 학생을 모두 가해학생으로 신고하였다. 폭행을 방조한 것이 곧 학교폭력에 해당한다는 이유에서였다.

학교폭력예방법은 가해학생을, '가해자 중에서 학교폭력을 행사하거나 그 행위에 가담한 학생'으로 정의한다(제2조 제3호). 따라서 직접적인 폭행 행위 등을 실행한 학생뿐만 아니라 그러한 행위를 함께 모의하거나, 교사하거나, 방조함으로써 다른 가해학생의 실행 행위에 물리적, 정신적, 경제적 지지 등을 제공한 경우에도 '학교폭력에 가담'한 학생으로서 가해학생에 해당할 수 있다. 여기서의 '가담'은 형법에서 규정한 공모 또는 방조의 의미로 한정되는 것은 아니고 널리 보아 가해행위를 용이하게 하는 행위를 의미한다고 보아야 한다.

학교폭력은 학교 안에서 발생한 사안만을 그 대상으로 하는 것은 아니다. 그러나 학교라는 공동체 안에서 발생하는 사안이 대부분이다 보니 직접 당사자가 아닌 '가담자'와 관련하여 문제 되는 경우가 많다. 그러나 단순히 학교폭력 사건 현장에 있었다고 하여, 사건 현장을 목격하고도 즉시 신고하지 않았다는 이유로 학교폭력의 가담자가 되는 것은 부당하다. 법원은 학생들끼리 서로 몸싸움을 하기로 사전에 합의하거나 그러한 싸움의 발생이 예상되는 상황에서 알면서도 제지하지 아니한 채 싸움 장면을 촬영하거나 녹음을 해 주기로 약속한 경우 학교폭력에 가담한 것으로 인정할 수 있다고 보았다. 또한 싸움의 발생을 예상하고 싸움 현장에 참석하여 방관하는 행위 역시 학교폭력을 직접 또는 간접적으로 용이하게 하는 행위로 학교폭력에 해당할 수 있다고 하였다. 따라서 싸움 현장에 참석하여 방관하려는 목적 없이 우연히 교실에서 발생한 싸움을 말리지 않았다는 것은 학교폭력 '가담 행위'로 인정되기 어려워 보인다. 학교폭력에 가담하는 것 역시 '고의'가 필요하다.

이러한 취지에서 재하가 당시 교실에 있었던 친구들에게 배신감과 원망의 마음이 들었다 할지라도 이들을 모두 학교폭력 가해학생으로 인정할 수는 없을 것이다. 다만 당시 상황에 대하여 영상을 찍기 위해 휴대전화를 꺼내 들었던 도형이에 대하여는 법적으로 문제가 없는지 살펴볼 필요가 있다. 만약 도형이가 자신의 휴대전화로 재하의 동의 없이 촬영을 했고 이를 유포하는 등의 행위까지 이어졌다면 피해학생의 인격권을 침해하는 행위로 학교폭력이 인정될 여지가 있다(창원지방법원 2022. 6. 15. 선고 2022구단10390 판결). 사전에 은찬이로부터 부탁을 받은 도형이가 은찬이의 부탁에 따라 폭행 장면을 촬영한 것이라면 이 역시 학교폭력으로 인정될 것이다. 그러나 도형이에게 그러한 사정이 없고, 폭행을 당하는 피해학생에게 도움을 주기 위한 목적으로 촬영을 한 것에 불과하였다면 도형이에게 학교폭력의 고의를 인정하기 어려울 수 있다. 결국 심의위원회는 도형이와 관련학생들 사이의 관계, 도형이가 촬영을 한 목적, 촬영된 영상의 유포 여부 등을 종합적으로 고려하여 도형이의 행위에 대한 학교폭력 해당 여부를 판단해야 한다.

교육적으로 해결하기

최근 사회적 분위기에서 누군가의 다툼에 개입하거나 다른 사람의 어려움을 보고 선뜻 나서서 도와주는 사람은 많지 않다. 선의로 나섰다가 오히려 가해자로 몰리거나 불필요한 오해를 사는 경우가 종종 발생하기 때문일 것이다. 이러한 분위기는 학교 현장에서도 그대로 이어지고 있다. 집단 따돌림을 당하는 친구를 보고도 모른 체하는 경우가 대부분이며, 학교폭력 사안 조사를 위한 목격자 진술서를 받는 것조차 쉽지 않다. 피해학생을 위해 기꺼이 목격자 진술서를 썼다가도 이 사실을 안 학부모의 거센 항의로 진술서를 폐기하는 경우도 있다. 그러다 보니 피해학생의 입장에서는 옆에서 방관하는 친구들도 가해학생과 한통속이라고 생각하여 이에 대한 원망과 분노가 싹트곤 한다.

이 사안 역시 재하가 주먹다짐을 한 은찬이 외에 옆에 있던 다른 친구 8명을 모두 신고하려고 하는 경우로, 담임 교사가 이 상황을 교육적으로 해결하기란 결코 쉽지 않다. 여러 명의 입장이 각각 달라서 자칫하면 한쪽의 편만 든다는 오해를 받을 수 있기 때문이다. 하지만, 이 사안으로 인해 학급 전체가 갈등에 휩싸일 수 있으므로 담임 교사로서는 최선을 다해 개입하여 교육적인 해결을 모색할 필요가 있다. 물론 공개적인 장소에서 폭행을 당한 재하의 신고는 존중되어야 하지만, 이와 동시에 교육적 해결을 위한 중재의 노력도 병행하기를 권한다.

1. 피해학생과의 상담

재하가 은찬이뿐만 아니라 방관한 8명 모두를 신고하겠다고 한 건 그 친구들에 대한 분노와 배신감, 수치심, 억울한 마음 등이 있다는 의미일 것이다. 그러므로 교사는 먼저 재하의 마음과 다른 친구들까지 모두 신고하려는 이유에 대해 충분히 공감해 주면 좋겠다. 먼저 재하의 이야기를 충분히 들어 주고 난 뒤, 재하의 마음과 신고하려는 행동 이면의 욕구를 찾아 주고 이를 공감하고 수용해 준다.

* 예시
- [관찰+느낌] 재하야, 은찬이와 싸울 때 옆에서 친구들이 지켜보면서 아무도 도와주지 않아서 많이 속상하고 힘들었을 거 같아.
- [느낌] 친구들이 싸움을 말리거나 선생님께 말씀드리러 가지 않아서 억울하고 외로운 느낌도 있었을 거 같아.
- [욕구] 재하에게는 안전하게 보호받고 싶고 존중받고 싶은 마음, 친구들과 연결되고 싶은 마음이 있었을까?
- 선생님은 재하가 어떤 선택을 하든 그 선택을 존중해. 그리고 재하가 회복되고 다시 학교에 잘 적응할 수 있도록 같이 좋은 방법을 찾아보고 싶어.
- 만약 그때 옆에서 지켜보았던 친구들이 지금이라도 진심으로 사과하

고 앞으로 이런 일이 다시 일어나지 않도록 하겠다는 약속을 하는 자리를 갖는다면 그게 재하에게 도움이 될 수 있을까?

2. 방관한 학생들과의 상담

재하, 은찬이와의 개별 상담을 마친 후에는 옆에서 방관한 8명에 대한 개별 상담 또는 그룹 상담을 진행한다. 이들에게 방관도 소극적 가해가 될 수 있음을 알려 주고 이에 대한 책임을 배울 수 있도록 교육해야 한다. 이때도 일방적 훈계나 지도보다는 아이들 스스로 재하의 마음을 이해하고 미안한 마음을 가질 수 있도록 도와주면 좋겠다. 이들의 이야기를 충분히 들어 주고 이들이 가졌던 느낌을 비난 없이 존중해 주되 재하가 가졌던 느낌도 잘 전달함으로써 아이들이 스스로 깨닫게 해 주는 게 필요하다. 이때 교사가 섣불리 판단하거나 추궁하지 않도록 주의해야 한다.

* 예시
- 오늘 선생님은 너희가 그 현장에 있었지만, 아무 행동도 하지 않은 것에 대해 함께 이야기를 해 보고 싶어. 너희들에게 책임을 묻기 위한 게 아니고 그때 너희는 어떤 마음이었는지, 또 앞으로 이런 상황을 만나면 어떻게 행동할지 함께 고민해 보려고 해.
- [관찰+느낌] 재하가 은찬이한테 맞을 때 너희는 아무 행동도 하지 않고 지켜보고 있었어. 그때 어떤 마음이었을까? 놀랐을까? 어떻게 해야 할

지 몰라 망설였을까? 혹시 괜히 나섰다가 피해를 볼까 봐 두려운 마음도 있었을까?
- [욕구] 너희들도 스스로를 안전하게 지키고 싶은 마음이었을 수 있어. 재하는 그때 아무도 자기를 도와주지 않아서 외롭고 힘들었을 거 같아.
- 너희가 재하였다면 그때 어떤 기분이 들었을까?
- 지금이라도 너희가 재하를 위해 할 수 있는 게 있다고 생각해. 예를 들어 그때 말리거나 돕지 못한 이유를 말하고 진심으로 미안한 마음을 전할 수도 있어.

3. 피해학생과 방관 학생들과의 대화모임

재하와 8명 친구 모두 충분히 들을 준비가 되었을 때 서로 대화하는 자리를 마련할 수 있다. 먼저 교사가 이 모임의 목적을 안내한 뒤, 재하가 자신의 마음을 말하고, 8명 학생이 재하의 말을 경청한 뒤, 반성하는 마음을 표현하고, 마지막으로 진심 어린 사과와 회복을 위한 구체적 약속을 하는 시간을 가진다. 교사는 모임을 진행하고 정서적 지지를 제공하며 안전한 울타리를 만들어 주는 역할을 하되, 섣불리 판단하거나 사과를 강요하지 않도록 주의해야 한다.

이때 서로의 욕구를 들은 다음, 이를 그대로 반영하여 다시 말하는 과정을 통해 충분한 공감과 연결을 경험할 수 있도록 하는 것도 좋은 방법이다.

* **예시**

재하: 저는 그때 아무도 저를 도와주지 않아서 너무 슬펐어요.

교사: 그때 재하는 안전하게 보호받고 싶고 친구들과 연결되고 싶은 마음이 있었을까?

재하: 네. 맞아요.

교사: 진서야, 도형아, 방금 재하가 말한 걸 들은 대로 얘기해 줄 수 있을까?

진서, 도형: 재하는 그때 안전하게 보호받고 싶고 친구들과 연결되고 싶었대요.

교사: 재하야, 진서와 도형이가 얘기한 게 맞을까?

재하: 네. 맞아요. 그런 마음이었어요.

교사: 진서랑 도형이는 그 얘기를 들으니까 어떤 마음이 들어?

진서, 도형: 그때 재하를 도와주지 못한 게 미안해요.

한편 마지막으로 회복을 위한 약속을 만들 때는 "~하지 않겠다." 등의 부정적 표현보다는 긍정적이고 구체적인 행동 중심의 약속으로 표현하는 게 좋다.

* **예시**

· 위급한 상황이 발생하면 즉시 선생님께 알리겠습니다.

· 앞으로는 다툼이 발생했을 때 "그만 멈춰."라고 말할 수 있는 용기를 내

겠습니다.
- 그날 아무런 행동을 하지 못한 걸 깊이 반성하고 앞으로는 먼저 나서서 말할 수 있는 사람이 되겠습니다.
- 친구가 혼자 있을 때 같이 있어 주고 "괜찮아?"라고 말할 수 있는 친구가 되겠습니다.

10. 눈빛 폭력

[언어폭력, 교우 관계 갈등/초등학생]

"엄마, 학교 안 가면 안 돼?"

연지는 금방이라도 울 것만 같은 표정으로 엄마를 쳐다보았다. 연지 엄마는 더 이상 참을 수가 없었다. 연지를 가까스로 달래서 학교에 보낸 뒤, 바로 유나 엄마에게 전화를 걸었다.

"유나 어머니. 지금 좀 만나서 얘기를 했으면 좋겠어요."

"전 연지 어머님하고 더 이상 할 얘기 없습니다. 우리 유나, 학교 잘 다니고 있고 친구들과도 아무 문제 없어요. 연지가 너무 내성적이어서 친구들이랑 잘 어울리지 못하는 걸 왜 자꾸 우리 유나 탓을 하시는 거예요? 제가 지난번에도 충분히 설명드린 거 같은데요."

기다렸다는 듯이 조금도 당황하지 않고 침착하게 할 말을 다 하는 유나 엄마의 목소리를 들으니 연지 엄마는 도저히 참을 수가 없었다.

"뭐라고요? 탓을 한다고? 유나가 우리 연지를 볼 때마다 맨날 째려보고 손가락질하고 입 모양으로 욕하는 거 알기나 하세요? 지난번에도 우리 연지한테 발표 잘 못한다고 친구들 앞에서 대놓고 무안을 줘서 연지가 몇 날 며칠 잠도 잘 못 잤다고요."

"째려보긴 누가 째려봤다고 하는 거예요? 어머님이 봤어요? 직접 본 것도 아니면서 왜 무조건 우리 유나를 나쁜 애 단드는 거예요? 그리고 연지가 발표를 제대로 못하고 계속 실수하는 탓에 3조가 낮은 평가를 받은 거잖아요. 연지 때문에 유나뿐만 아니라 3조 아이들 전체가 다 손해 봤는데, 애들이 연지한테 화가 나는 게 당연한 거 아니에요? 왜 우리 유나한테만 뭐라고 하는 거예요? 유나만 연지한테 뭐라고 한 게 아니라고요. 다른 애들은 훨씬 더 심하게 말했어요. 그나마 유나는 나중에 연지 편도 좀 들어 주고 연지랑 밥도 같이 먹어 줬잖아요."

연지 엄마와 유나 엄마의 실랑이는 한 시간이 넘도록 계속되었고, 결국 유나 엄마가 일방적으로 전화를 끊는 것으로 통화가 종료되었다. 그날 오후 연지 엄마는 집에 돌아온 연지에게 단호하게 말했다.

"연지야, 내일 가면 유나 학폭 신고해. 엄마가 아까- 아침에 유나 엄마랑 통화한 거 다 녹음했고, 내일 변호사 상담도 받기로 했어. 그러니까 연지야, 너는 엄마만 믿고 학폭 신고해. 엄마가 유나 아주 제대로 혼내 줄게."

연지는 좋기도 하고 무섭기도 하고 마음이 혼란스러웠다. 물론 유나가 째려본 건 사실이고 유나 때문에 불편한 것도 맞지만, 그래도 유나가 잘해 줄 때도 있어서였다. 학폭 신고를 하고 나면 유나랑 아예 말도 할 수 없을 테니 그러다가 왕따가 되면 어쩌나 걱정도 되었다.

법으로 해결하기

학교폭력의 유형이 다양하다고 하여 학교 내 모든 갈등을 학교폭력예방법으로 해결하는 것은 바람직하지 않다. 학교생활을 하는 중에 크고 작은 다툼이 생기는 것은 자연스럽고 때론 불가피하기도 하다. 그러한 의미에서 우리 법은 학교폭력예방법의 해석과 적용에 주의를 당부하고 있는 것이다.

> 「학교폭력예방법」 제3조(해석·적용의 주의의무)
> 이 법을 해석·적용하는 경우 국민의 권리가 부당하게 침해도 지 아니하도록 주의하여야 한다.

가해학생이 학교폭력으로 조치를 받으면 조치를 이행하여야 할 뿐만 아니라 학교생활기록부에 기재되는 등의 불이익도 있다. 따라서 학생들이 학교생활을 하는 과정에서 일어난 어떤 행위가 '학교폭력'에 해당하는지는 그 발생 경위와 행위의 정도 등을 살펴서 신중하게 판단해야 하며, 그러한 의미에서 학교폭력 신고 행위 역시 신중해야 한다.

사안은 학생들 간의 갈등보다 부모 간 감정싸움이 커져 신고에까지 이른 사례이다. 최근 학교폭력 신고 사례를 보면 학생보다 부모의 감정적 충돌로 인해 신고로까지 번지는 일이 잦아지고 있다. 학교폭력으로 학생을 신고하는 것은 신중하여야 함에도, 아이들 문제로 감정이 상한 어른들이 학교폭력 신고를 악용하는 것이다.

사안 속 연지는 학교에서 친구들과 갈등을 겪고 있다. 연지의 어머니는 학교에 가기 싫다는 연지의 말에 연지와 갈등이 있었던 유나의 어머니에게 전화를 걸었다. 그리고 유나 어머니와의 다툼 끝에 유나를 신고하기로 마음먹었다. 학교폭력예방법 제2조 제1의2호의 '따돌림' 내지 정신적 피해를 주장하려는 것으로 보인다. 그런데 정작 신고 이야기를 들은 연지는 마음이 복잡해 보인다. 비록 몇몇 친구들과 갈등이 있기는 하지만 학교폭력 신고까지 가야 하는지에 대해 혼란스러워하는 것 같다. 그러나 이미 연지의 어머니는 감정이 상한 상태였고, 유나를 제대로 혼내 주겠다는 결심으로 신고를 추진하는 모양새다. 이처럼 학교폭력 문제 해결의 본질보다 부모의 감정싸움이 더 큰 영향을 미치는 경우가 늘고 있어 안타깝다.

이 사안이 심의에 올라온다면, 먼저, 유나가 연지를 째려본 것이나 입 모양으로 욕을 한 행위는 가해행위 입증이 어려워 학교폭력으로 인정되지 않을 가능성이 높다. 연지의 어머니가 녹음하였다는 유나 어머니와의 통화 녹음 내용도 유나의 가해행위를 인정하는 내용이 담기지 않은 이상 유의미한 증거가 되기는 어려울 것이다. 다만 조별 발표 사건과 관련하여서는 같은 반 친구들의 목격학생 확인서를 통해

당시 상황을 구체적으로 확인할 필요가 있다. 사안에 제시된 것과 같이 단순히 약간의 무안을 준 정도에 불과하였다면 학교 안에서 벌어진 소소한 다툼이나 교우 관계의 갈등에 해당하는 것으로 보아 학교폭력이 아니라는 판단이 나올 것이다.

교육적으로 해결하기

　최근 들어 친구 사이의 사소한 다툼이 부모 간의 다툼으로 번져서 학교폭력 신고까지 이어지는 경우가 점차 늘고 있다. 특히 초등학생의 경우에는 아이들끼리는 이미 화해하고 별일 아닌 게 되었는데도 부모 간의 감정의 골이 깊어져서 결국 학교폭력 신고를 하게 되는 일도 제법 많다. 심지어 학부모 간의 대화 녹취록을 증거 자료로 제출하는 경우도 있고, 학교폭력 사안으로 시작되어 교사나 학교에 대한 반복 민원으로 이어지는 경우도 심심치 않게 발생하고 있다. 교사로서는 학생들 간의 갈등뿐만 아니라 학부모 간의 갈등까지 중재해야 하니 부담이 가중될 수밖에 없다.

　이 사안에서 유나가 정말로 연지를 째려보고 괴롭혔는지 정확하게 파악하는 건 쉽지 않다. 눈에 보이는 물리적 폭력이나 언어폭력이 있었던 것도 아니고 입 모양으로 욕하거나 째려보는 등의 소위 '눈빛 폭력'이 주된 요소이므로 이를 증명하는 건 사실상 어려운 일이다. 어쩌면 연지가 내향적이고 예민한 성격이라 유나의 언행을 오해하고 과도하게 받아들였을 수도 있고, 반대로 유나가 교묘하게 연지를 괴롭혔을 수도 있다. 교사로서는 연지의 말만 듣고는 누구의 주장이 맞는지 판단하는 것조차 어렵다. 무엇보다 이 사안은 부모끼리의 갈등으로 확대되어 이제 실체는 사라지고 감정적 대립만 격화되고 있다. 이런 상황에서 교사가 섣불리 개입했다가 어느 한쪽 편만 든다고 공격받고 도리어 갈등의 당사자가 될 가능성도 있다. 하지만 그렇다고 교사가 아예 나 몰라라 하고 신고하도록 내버려두는 것도 바람직하지 않다. 설령 결국 신고까지 가게 되더라도 교사로서는 교육적 해결을 위해 노력하기를 권한다. 다만 이때 교사는 유나가 연지를 괴롭혔는지의 여부에 대한 판단을 하지 않도록 주의해야 한다. 당연히 교사로서 심증이 가는 부분이 있긴 하겠지만, 섣불리 판단하기 전에 사실에 먼저 집중하는 게 중요하다.

* **예시(피해관련학생 연지)**
- 연지야, 그런 일이 있었구나. 많이 놀라고 속상했겠다.
- 선생님이 상황을 다 알 수는 없겠지만, 그래도 연지가 선생님한테 힘들다고 말해 줘서 고마워.
- 유나가 째려보는 것처럼 느껴질 때 마음이 많이 속상했을 거야. 그때 어떤 기분이 들었는지 조금 더 말해 줄 수 있을까?
- 지금 선생님이 어떻게 해 주면 연지가 좀 더 안심할 수 있을까?

* **예시(가해관련학생 유나)**
- 선생님은 유나가 어떤 마음이었는지 알고 유나를 도와주고 싶어. 그날 무슨 일이 있었는지 말해 줄 수 있을까?
- 유나가 나쁜 의도가 없었다고 해도 연지가 조금 불편하게 느꼈을 수도 있어. 우리 같이 그 부분을 생각해 보자.

· 혹시 연지가 유나를 오해한 거라고 느낀다면 어떤 점에서 그런 생각이 들어?

유나와 연지와의 개별 상담을 마친 후에는 양측 학부모와의 대화도 필요하다. 쉽진 않겠지만, 양측 학부모의 감정에 충분히 공감하면서 교사와 협력하여 이 문제를 함께 해결할 것을 요청하는 게 바람직하다. 즉, '당신이 양보하세요'가 아닌, '우리 함께 해결해 봅시다'의 방향으로 대화를 전개하자. 누구의 잘못을 따지기보다는 아이들 간의 관계 회복이 결국은 아이의 정서적 안정과 바람직한 성장에 도움이 된다는 사실을 강조하는 게 좋겠다. 무엇보다 먼저 학부모의 마음에 충분히 공감하되 중립적인 태도를 유지하며 대화를 이끌어 가는 게 중요하다.

다행히 학부모와의 대화가 잘 마무리된다면 그땐 본격적으로 유나와 연지의 갈등 중재를 시도할 수 있다. 이때도 누구의 잘못인지를 따지기보다는 서로의 마음을 이해하는 기회가 될 수 있도록 한다. 어쩌면 유나와 연지의 갈등을 중재하는 건 그리 어렵지 않을 수 있다. 사실상 교사에게 가장 어려운 숙제는 학부모 간의 문제를 해결하는 것이다. 하지만, 현실적으로 이 숙제를 풀기도 쉽지 않을뿐더러 교사로서는 피하고 싶은 숙제일 테니 씁쓸한 공교육의 현실임을 인정할 수밖에.

* **예시(피해관련학생 연지 보호자)**
- 연지가 많이 힘들어하고 마음에 상처를 입었다고 생각하니 저도 마음이 아프고 무겁습니다. 그 이야기를 들으시고 부모님께서도 많이 걱정이 되셨을 거 같아요.
- 물론 학교폭력으로 신고하시는 것도 가능하지만, 그보다 먼저 연지의 마음이 잘 회복되고 연지가 안심하고 다시 학교에 다닐 수 있도록 최선을 다해 돕고 싶습니다. 그래서 먼저 안전한 상황에서 서로 충분히 이야기를 나누고 대화하는 기회를 만들어 보려고 해요.
- 혹시 어머님께서 바라시는 방향이나 걱정하시는 부분이 있으시면 편하게 말씀해 주세요. 저도 함께 고민해 보겠습니다.

* **예시(가해관련학생 유나 보호자)**
- 이런 상황을 접하시고 유나 어머님도 많이 당황하셨을 거 같아요. 유나가 나쁜 의도가 있었던 건 아닐 수 있다고 저도 충분히 이해하고 있습니다.
- 물론 유나가 그런 의도가 없었을 수 있지만, 연지는 불편하게 느꼈다고 해요. 지금은 누가 잘못했다기보다는 오해나 감정의 차이로 인해 서로 불편해진 상황인 것 같습니다.
- 만약 유나도 혹시 속상한 마음이 있다면 편하게 말할 수 있도록 돕고 싶습니다.
- 누구의 잘못인지를 따지기 위함이 아니고 연지와 유나 모두 학교에서

안전하고 행복하게 지낼 수 있도록 하는 교육의 과정이라고 생각해 주시면 좋겠습니다.

* **예시(양측 보호자)**
· 같은 상황이라고 해도 어른에 비해 아이들은 좀 더 예민하게 받아들이는 경우가 많습니다. 신고하시기에 앞서 먼저 아이들 관계가 회복되고 이 과정을 통해 아이들이 긍정적인 배움을 얻을 수 있도록 제가 돕고 싶습니다.

냉정하게 말하자면 위의 예시를 참고하여 중재를 시도한다고 해도 현실적으로 학부모 간 갈등이 해결될 가능성은 높지 않다. 일단 학부모 간의 갈등을 교사가 중재하는 것 자체가 조심스럽기도 하다. 자칫하면 교사가 갈등의 당사자가 될 우려도 있다. 다만 이러한 갈등이 감정적인 학교폭력 신고로 이어지거나 학급 내 관계 분열로 이어지지 않도록 교사가 중재의 노력을 할 필요는 있다. 결국 부모 간 다툼 가운데서 가장 피해를 당하는 것은 학생들이니 말이다.

[생각의 틈새]
공정하다는 기준
신서희

"제가 받은 피해가 얼마나 큰데, 왜 조치가 이거밖에 안 나왔어요? 너무 억울해요."

"저는 충분히 사과했다고요. 저도 당한 거 많아요. 이렇게 된 이상 저도 신고할래요. 너무 억울해요."

"그런 아이는 아예 영원히 이 사회에서 발붙일 수 없게 해야 합니다."

"학교폭력으로 신고된 학생은 무조건 전학 보내 주세요."

"학급 교체 처분을 받은 그 학생이 왜 우리 아이가 있는 반으로 오나요? 우리 아이는 가해학생과 같은 반에 있을 수 없어요. 그 학생 전학 시키든지 다른 반으로 보내 주세요."

최근 학교폭력 사안 처리에 있어서 엄벌주의를 요구하는 목소리가 높아지고 있다. 피해학생 보호를 위해서는 무조건 가해학생에 대한 높은 징계가 필요하며 그것이 공정하다는 의견이다. 심지어 아무리 나이 어린 학생들이라도 전학, 퇴학 등 강력한 조치를 통해 엄중히 격리해야 한다는 사람도 적지 않다.

물론 사회에서의 성인 범죄에 준하는 학교폭력 사안이 늘어난 것도 사실이다. 도박, 딥페이크 등의 사회 문제가 청소년에까지 영향을 미치면서 이와 관련한 사안도 크게 늘었고 집단 괴롭힘, 성폭력 관련 사안도 그 수위가 지속적으로 높아지고 있다. 이런 강력 사안은 학급 교체, 전학, 퇴학 등의 높은 조치가 나올 수밖에 없고 더 나아가 경찰 수사로까지 이어지는 경우도 많다. 이런 사회적 범죄 수준에 근접하는 학교폭력 사안을 제외하고 적지 않은 학교폭력 사안은 학생들 간의 말다툼, 험담, 사이버상에서의 언어폭력 등이 주요 신고 내용이다. 심지어 멀리서 손가락질하거나 째려보았다는 이유로 신고하기도 한다. 예전 같았으면 교사가 훈계하고 "다신 그러지 않겠습니다." 다짐하는 걸로 마무리되었을 일도 지금은 학교폭력으로 신고하는 경우가 적지 않다. 그렇다고 이게 무슨 학교폭력으로 신고할 일이냐고 훈계했다가는 학부모 민원으로 이어질 수 있기에 교사가 선불리 중재에 나서기도 쉽지 않다. 어디 그뿐일까. 아이들끼리는 이미 잊어버리고 별것 아닌 일이 되었는데도 부모 간의 감정이 격해져서 학교폭력 심의로까지 이어지는 사례도 종종 있다.

비록 남들 보기에는 별것 아닌 사안이라 할지라도 피해학생이나 그 부모에게는 세상이 무너지는 피해로 느껴질 수 있기에 사안의 경중과 관계없이 대부분의 피해학생 측은 강력한 처벌을 호소한다. 그러다 보니 결과가 나오면 피해학생도, 가해학생도 만족하지 못하기 일쑤다. 기대에 미치지 못한 결과를 받은 피해학생도, 기대보다 높은 조치를 받은 가해학생도 결과에 만족하지 못하고 일부는 행정심판, 행정소송까지 이어지기도 한다. 간혹 인터넷에 학교폭력 관련 기사가 나오기라도 하면 비슷한 또래의 자녀를 둔 학부모들은 사안 내용을 정확히 모른 채 기사에 언급된 내용만 보고 감정 이입하여 가해학생에 대한 더 강력한 처벌을 주장하기도 한다.

하지만 이는 사회가 아닌 학교 현장에서, 아직 성장하고 있는 학생들을 대상으로 학교폭력 사안을 처리하는 데 있어서 고민해 봐야 할 부분이라는 생각이다. 과연 가해학생에게 무조건 높은 수준의 조치를 부과하는 것이 피해학생을 보호하는 공정한 방법일까. 가해학생의 잘못에 대해 무조건 강력하게 처벌하면 가해학생이 잘못을 깨닫고 변화하여 바르게 성장할 수 있을까. 가해학생이 강력한 처벌을 받는 것으로 피해학생의 마음이 회복될 수 있을까 피해학생의 입장에서는 가해학생이 바르게 성장하든 말든 관심이 없을 수 있다. 대다수의 피해학생은 가해학생 측이 사과를 해도 진정성 있는 사과가 아니라며 받지 않는다. 사실 '진정성'이라는 것은 객관적으로 입증할 수 없는 부분이므로 설령 가해학생이 진심으로 반성하고 사과를 해도 피해학생 측이 진정성 없다고 생각한다면 진정성이 없는 사과가 될 수밖에 없다. 게다가 만약 초등학생이라면 이 사과의 진정성 여부 판단은 부모가 주체가 된다. 부모의 분노 수준이 자녀에게 그대로 전달되는 셈이다. 엄밀히 말해 어린이나 사춘기 아이가 성숙한 태도로 '진정성 있는 사과'를 하는 건 어렵다. 그저 마음을 담아 "미안해."라고 말할 수만 있어도 꽤 기특할 것이다. 그러니 만약 상대방에게 일방적인 메시지 전송이 아닌 직접적인 말로 "미안해, 내가 잘못했어."라고 사과할 수 있다면 이를 '진정성 있는 사과'로 받아 주는 건 어떨까.

이처럼 학교폭력 심의는 신고 단계부터 시작해서 심의가 진행되는 과정까지도 힘들지만, 그에 못지않게 힘든 건 바로 심의 결과가 나온 이후의 시간이다. 아무리 별것 아닌 사안이라고 해도 일단 학교폭력으로 신고하고 교육청 심의까지 가고 나면 결과가 어떻게 나오든 양쪽 학생들의 관계가 회복되는 건 거의 불가능해진다. 그러므로 학교폭력 사안 처리가 진행되는 과정에서 겪은 상처를 잘 아물게 하고 그 결과가 마음의 쓴 뿌리로 남지 않게 돌보는 작업이 꼭 필요하다. 어쩌면 이것이 학교 공동체가 감당해야 할 힘들고도 중요한 숙제일 것이다. 교사에게는 피해학생도, 가해학생도 모두 잘 교육해야 할 책임이 있는 대상이며 무조건적인 강력한 처벌만으로 가해학생을 변화시킬 수는 없다는 사실을 잘 알고 있다. 특히 아직 성장하고 있는 어린 학생들에게 가해자라는 낙인을 찍어 공동체 밖으로 몰아냄으로써 잘못을 깨닫고 변화할 수 있는 가능성 자체를 빼앗는 것은 교육의 가치에도 어긋난다는 생각이다. 물론 가해행위가 아주 심각하거나 여러 차례의 신고에도 변화하지 않는다면 강력한 처벌이 불가피할 것이다. 다만 그게 아니라면 피해학생 보호를 가장 우선시하고 중시하되, 피해학생의 회복과 가해학생의 변화 성장을 위한 세심한 관심과 노력이 필요하다.

사실 교사로서는 이 모든 후속 과정이 결코 쉽지 않다. 말 한마디, 행동 하나하나가 다 조심스러울 수밖에 없다. 교사는 피해학생의 정서 회복도 돕고 2차 가해도 예방해야 하며 가해학생에 대한 낙인 효과도 방지해야 한다. 만약 다수가 연관된 사안이라면 학급 내 학생들 간의 관계 회복을 위한 노력도 필요하다. 이런 상황에서 섣불리 나섰다가 오히려 교사가 갈등의 당사자가 될 수도 있으니, 한편으로는 적극적으로 나서는 게 망설여지기도 한다. 그러나 양쪽 학생 모두에게 편향됨 없이 안전한 공간을 제공하고 각각의 감정과 욕구를 있는 그대로 인정하고 수용해 주며, 단순히 징계와 처벌에만 그치지 않고 이 기회를 통해 성장하고 변화하도록 도울 수 있는 건 결국 교사이고 학교 공동체일 것이다. 비록 사회에서는 피해학생이 너무 불쌍하고 인생 끝났다고 단정해 버리며, 가해학생은 다신 사회에 발붙이지 못하도록 강하게 처벌해야 한다고 낙인찍지만, 교사만큼은 피해학생의 회복 탄력성을, 가해학생의 변화 가능성을 믿어 주면 좋겠다. 아직 자라고 있는 미완성 청소년들이니 말이다. 완성된 아이들이 모인 곳이 학교가 아니라 미완성인 아이들을 완성된 존재로 성장할 수 있도록 교육하는 곳이 학교임을 기억하면 좋겠다. 바로 이것이 감히 학교가 희망이라고 말할 수 있는 이유다.

2장

[교육활동 침해]
교감 선생님,
저 신고하겠습니다

1. 성 패드립의 일상화

[성희롱, 정당한 생활지도에 불응/중학생]

"선생님…… 저…… 칠판 저기에……."

헐레벌떡 교실에 들어와 노트북을 연결하고 수업을 시작하려는데, 교탁 앞자리에 앉은 여학생이 A 교사에게 작은 목소리로 말하며 칠판을 가리켰다. 여학생은 난처함과 당황스러움으로 어쩔 줄 몰라 하는 표정이었다. 뭔가 심상치 않음을 감지한 A 교사가 고개를 돌리자 교실은 순간 쥐 죽은 듯이 조용해졌다.

A 교사는 자신의 눈을 의심했다. 칠판 오른쪽 하단에는 A 교사에 대한 낙서가 작은 글씨로 빼곡하게 적혀 있었다. 중학교 2학년 학생이 썼다고는 믿어지지 않을 만큼 낯 뜨거운 어휘가 가득했다. A 교사는 끓어오르는 분노를 가까스로 누른 채 낮은 목소리로 물었다.

"이거 누가 쓴 거야? 쓴 사람 손 들어."

여기저기서 키득거리는 웃음소리가 터지기 시작했다. 말썽꾸러기 학생들은 이 상황이 마냥 흥미진진하다는 듯이 눈을 반짝이며 지켜보고 있었다. 기말고사가 얼마 남지 않아서 빨리 수업을 시작해야 하는데, 여기서 멈출 수도 없고 A 교사는 마음이 조급해졌다.

"아무도 얘기 안 할 거야? 기말고사 보려면 빨리 진도 나가야 하는데, 너희 반만 수업 안 할 거야?"

"선생님, 그거 아까 쉬는 시간에 은호랑 준서가 썼어요."

앞쪽에 앉은 여학생 몇 명이 참다못해 털어놓았다.

"은호, 준서. 똑바로 대답해. 이거 정말 너희들이 쓴 거야? 맞아?"

긴장한 표정으로 고개를 푹 숙인 준서와는 달리 은호는 조금도 당황하지 않은 채 싱글싱글 웃으며 대답했다.

"네. 맞는데요. 근데 그냥 장난으로 쓴 거예요. 다른 애들도 다 그런 말 하잖아요."

은호에게서 죄송하다는 말이 바로 나올 거라고 기대하진 않았지만, 이렇게까지 당당하고 오히려 비웃는 표정을 지을 줄은 몰랐다. A 교사는 자기도 모르게 얼굴이 화끈거리고 손이 부들부들 떨렸다.

"은호랑 준서, 이 시간 끝나고 교무실로 와. 그리고 지금 당장 나와서 이 낙서 지워라."

준서는 고개를 숙인 채 들릴 듯 말 듯 알겠다고 대답했지만, 은호는 삐딱하게 앉아서 선생님을 빤히 쳐다보기만 했다. 결국 화를 참지 못한 A 교사는 언성이 높아졌다.

"은호, 준서, 빨리 나와서 이 낙서 지우라고!"

"아이 씨발, 이따 쉬는 시간에 지우면 되잖아요. 그냥 장난이라고요. 씨발, 왜 나한테만 그래요? 지우고 싶으면 선생님이 지워요."

교실은 팽팽한 긴장감이 감돌았다. 선생님과 은호의 대결에서 과연 누가 이길지 지켜보는 아이들의 흥미진진한 눈초리 때문에 A 교사는 숨을 제대로 쉬기도 힘들 정도였다. 눈물이 나올 것 같았지만, 가까스로 참고 최대한 조용하게 말했다.

"일단 수업을 해야 하니까 이따 다시 얘기하자. 수업 끝나고 은호랑 준서는 교무실로 와라."

A 교사는 후다닥 칠판의 낙서를 지웠고, 아무 일도 없었다는 듯이 다시 수업이 시작되었다.

법으로 해결하기

교육활동 침해행위는 「교원의 지위 향상 및 교육활동 보호를 위한 특별법」(아래에서는 간략히 '교원지위법'이라 한다) 제19조와 「교육활동 침해행위 및 조치 기준에 관한 고시」(아래에서는 간략히 '교육부 고시'라 한다) 제2조에 규정되어 있다. 특히 교원지위법 제19조는 제1호에, 범죄행위를 나열하고 있어서 형사 처벌이 대상으로 규정한 범죄행위가 교원의 교육활동을 침해하는 경우 교원지위법의 적용을 받을 수 있도록 하고 있다.

> **교육활동 침해행위의 유형**
> **「교원의 지위 향상 및 교육활동 보호를 위한 특별법」 제19조(교육활동 침해행위)**
> 이 법에서 "교육활동 침해행위"란 고등학교 이하 각급학교에 소속된 학생 또는 그 보호자(친권자, 후견인 및 그 밖에 법률에 따라 학생을 부양할 의무가 있는 자를 말한다. 이하 같다) 등이 교육활동 중인 교원에 대하여 다음 각 호의 어느 하나에 해당하는 행위를 하는 것을 말한다.
> 1. 다음 각 목의 어느 하나에 해당하는 범죄행위
> 가. 「형법」 제2편 제8장(공무방해에 관한 죄), 제11장(무고의 죄), 제25장(상해와 폭행의 죄), 제30장(협박의 죄), 제33장(명예에 관한 죄), 제314조(업무방해) 또는 제42장(손괴의 죄)에 해당하는 범죄행위

나. 「성폭력범죄의 처벌 등에 관한 특례법」 제2조 제1항에 따른 성폭력범죄행위

다. 「정보통신망 이용촉진 및 정보보호 등에 관한 법률」 제44조의7 제1항에 따른 불법정보 유통 행위

라. 그 밖에 다른 법률에서 형사처벌 대상으로 규정한 범죄행위로서 교원의 교육활동을 침해하는 행위

2. 교원의 교육활동을 부당하게 간섭하거나 제한하는 행위로서 다음 각 목의 어느 하나에 해당하는 행위

가. 목적이 정당하지 아니한 민원을 반복적으로 제기하는 행위

나. 교원의 법적 의무가 아닌 일을 지속적으로 강요하는 행위

다. 그 밖에 교육부장관이 정하여 고시하는 행위

「교육활동 침해행위 및 조치 기준에 관한 고시」 제2조(교원의 교육활동 침해행위)

교원의 교육활동(원격수업을 포함한다)을 부당하게 간섭하거나 제한하는 행위는 다음 각 호와 같다.

1. 「형법」 제8장(공무방해에 관한 죄) 또는 제34장 제314조(업무방해)에 해당하는 범죄행위로 교원의 정당한 교육활동을 방해하는 행위

2. 교육활동 중인 교원에게 성적 언동 등으로 성적 굴욕감 또는 혐오감을 느끼게 하는 행위

3. 교원의 정당한 교육활동에 대해 반복적으로 부당하게 간섭하는 행위

4. 교원의 정당한 생활지도에 불응하여 의도적으로 교육활동을 방해하는 행위

5. 교육활동 중인 교원의 영상·화상·음성 등을 촬영·녹화·녹음·합성하여 무단으로 배포하는 행위
6. 그 밖에 학교장이 「교육공무원법」 제43조 제1항에 위반한다고 판단하는 행위

「교육공무원법」 제43조(교권의 존중과 신분보장)
① 교권敎權은 존중되어야 하며, 교원은 그 전문적 지위나 신분에 영향을 미치는 부당한 간섭을 받지 아니한다.

사안에서 은호와 준서는 칠판에 A 교사에 대한 성 패드립 낙서를 써 놓았다. 여기서 패드립은 패륜과 애드리브ad lib를 합친 신조어로, 부모나 가족 등을 비하하는 패륜적 내용의 욕설을 일컫는 은어이다. 낯 뜨거운 어휘의 성적이고 패륜적인 이야기를 반 학생들이 모두 볼 수 있는 칠판에 써놓은 행위는 '공연히 사람의 사회적 평가를 저하시킬 만한 추상적 판단이나 경멸적 감정을 표현하는 것'으로 형법상 모욕에 해당할 수 있다. 따라서 교원지위법 제19조 제1호 가목의 교육활동 침해행위로 인정되고, 성적인 표현이라는 점에서 교원의 교육활동을 부당하게 간섭하거나 제한하는 행위로서 '교육활동 중인 교원에게 성적 언동 등으로 성적 굴욕감 또는 혐오감을 느끼게 하는 행위'(교육부 고시 제2조 제2호)에도 해당할 것으로 보인다.

한편 은호는 낙서를 지우라는 A 교사의 지시에 욕설을 내뱉으며 따르지 않았다. 같은 반 학생들이 보고 있는 상황에서 욕설을 한 것으로 이

역시 모욕에 해당할 수 있으나, 판례에 따를 때 "아이 씨발"이라는 욕설이 교사를 향한 것이 아니라면 모욕으로 인정되지 않을 수도 있다(대법원 2015.12.24, 선고, 2015도6622 판결). 이에 대하여는 다음 사례에서 자세히 설명할 것이다. 은호의 욕설 행위가 언어 습관에 따른 것으로 모욕이 인정되지 않는다고 하여도, A 교사의 지시를 따르지 않은 행위 전체는 교육부 고시 제2조 제4호의 '교원의 정당한 생활지도에 불응하여 의도적으로 교육활동을 방해하는 행위'로 인정될 것이다.

사안의 A 교사는 은호와 준서로부터 교육활동 침해를 당하였음을 주장하며 교육활동 침해 신고를 할 수 있다. 학교폭력대책심의위원회와 유사하게 A 교사와 은호, 준서는 교육지원청에서 개최되는 지역교권보호위원회의 심의에 참석하여 진술을 하게 될 것이다. A 교사는 피해 교원으로 사건 당일의 사실 관계에 대하여 구체적인 질의를 받고 이에 대한 답변을 한다. 은호와 준서도 마찬가지로 심의위원들의 질의에 답하는 시간을 갖는다. 두 학생 모두 사실 관계를 부인하기보다는 잘못을 인정하고 최대한의 선처를 구하는 것이 바람직해 보인다. 심의위원들은 관련학생 확인서 등 심의 자료를 기초로 양 당사자의 이야기를 모두 들은 후 논의를 거쳐 결정을 내릴 것이다.

지역교권보호위원회 위원들은 교육활동 침해의 심각성, 지속성, 고의성을 각 0점(없음)에서 5점(매우 높음)으로 판단하고, 침해관련학생의 반성 정도 그리고 학생과 교원의 관계 회복 정도를 각 0점(높음)에서 3점(없음)으로 산정하여 조치를 결정한다. 심의위원들은 사안의 사실 관계 자체도 면밀히 살피지만, 심의에 참석한 침해관련학생과 보호자의 태도도 유심히 살펴 진심으로 반성하고 있는지 등을 파악한다.

다만 지역교권보호위원회의 목적은 잘못에 대한 단순한 징계가 아니라 학생이 자신의 잘못을 깨닫고 태도의 변화를 이루도록 돕는 데에 있다. 학교 내에서 문제를 해결하지 않고 교육청 차원에서 사건을 다루며 변호사, 경찰, 학부모 등이 참여하는 위원회의 심의를 받는 것은 교사의 권리를 보호하기 위함인 동시에, 교사와 학생을 모두 포함하는 교육활동 자체를 지키기 위한 절차다. 이러한 점에서 학생 인권과 교권은 상반되는 개념이 아니라, 상호 보완하며 함께 보호되어야 할 가치임을 알 수 있다.

다른 애들도 다 그러는데, 왜 나한테만 이러냐고 볼멘소리를 내뱉는 아이들에게 교권보호위원회라는 다소 엄숙한 자리를 통해 자신의 잘못을 깨달을 수 있게 하고, 침해학생 조치라는 수단을 이용하여 다시는 같은 잘못을 되풀이하지 않도록 경고하며, 이를 계기로 학생으로서 가져야 할 건강한 가치관을 형성할 수 있도록 교육하는 것, 학부모에게는 객관적인 눈으로 상황을 봄으로써 자녀를 올바르게 훈육하는 계기로 삼을 수 있도록 하는 것, 그리고 피해 교원의 교육활동이 정상화될 수 있도록 지지해 줌으로써 다시금 건강한 교육 환경을 만들어 갈 수 있도록 돕는 것. 이것이 지역교권보호위원회가 존재하는 이유가 되어야 할 것이다.

교육활동 침해학생 조치별 적용 기준

지역교권보호위원회에서 교육활동 침해행위가 인정될 경우 침해학생은 그에 따른 조치를 받게 된다. 침해학생에 대한 심의 기준과 그에 따른 점수는 「교육활동 침해행위 및 조치 기준에 관한 고시」 별표에 따른다.

[별표] 교육활동 침해학생 조치별 적용 기준

○ 학생의 교육활동 침해행위 심의 기준

구분	침해행위 심각성	침해행위 지속성	침해행위 고의성
매우 높음	5	5	5
높음	4	4	4
보통	3	3	3
낮음	2	2	2
매우 낮음	1	1	1
없음	0	0	0

구분	침해학생 반성 정도 및 선도 가능성	학생과 교원 관계회복정도
높음	0	0
보통	1	1
낮음	2	2
없음	3	3

① 기본 판단 요소

② 추가 판단 요소 : 출석위원 과반수 찬성으로 적용 여부 의결

구분	추가 판단 기준	조치 내용
감경	교육활동 침해학생이 장애가 있는 경우	1단계 감경
가중	피해 교원이 임신하거나 장애가 있는 경우	1단계 가중
특별교육 또는 심리치료	학생 선도·교육에 필요하다고 인정되는 경우	– 단독조치 또는 1호·2호 부가 조치 가능 – 4호·5호·6호에 부가 조치 의무

※ 감경 및 가중 여부는 교권보호위원회에서 필요성을 판단하여 결정하며, 교육활동 보호 및 해당 조치의 실현 가능성 등을 고려하여 교원지위법 시행령 제15조 제5항에 따라 지역교권보호위원회 출석위원 과반수의 찬성으로 침해학생에 대한 조치를 감경 또는 가중할 수 있음
※ 1단계 감경(→) 또는 가중(←) 처분 : 7호 ⇄ 6호 ⇄ 5호 ⇄ 4호 ⇄ 2호 ⇄ 1호
※ 교내봉사에서 감경될 경우 '조치 없음' 결정

구분			점수	조치 내용
조치 없음			0~4	-
교내 선도		1호	5~7	학교에서의 봉사
외부 기관 연계 선도		2호	8~10	사회 봉사
		3호	-	교내외 전문가에 의한 특별 교육 또는 심리 치료
교육 환경 변화	교내	4호	11~13	출석 정지
		5호	14~16	학급 교체
	교외	6호	17~21	전학
		7호		퇴학

○ 교육활동 침해학생에 대한 조치결정 기준

[전학·퇴학 조치결정 시 준수 사항]

1. 최초 발생한 교육활동 침해행위에 대하여 전학 또는 퇴학 조치를 결정할 수 없음

2. 전학 또는 퇴학 조치는 동일교 재학기간 중 교육활동 침해행위로 출석정지 또는 학급교체 처분을 받았던 학생이 다시 교원의 교육활동을 침해한 경우에 한하여 결정할 수 있음

3. 위의 1항, 2항에도 불구하고「형법」제2편 제25장(상해와 폭행의 죄) 및「성폭력범죄의 처벌 등에 관한 특례법」제2조 제1항,「정보통신망 이용촉진 및 정보보호 등에 관한 법률」제44조의7 제1항 제3호에 따른 불법정보 유통행위에 해당하는 행위는 최초 발생한 사안이라도 전학 또는 퇴학 조치 가능

교육적으로 해결하기

최근 성 패드립에 대한 문제 의식의 부재, 성 패드립의 일상화는 학교와 가정이 풀어야 할 큰 숙제 중 하나일 것이다. 아이들은 빠르게 변하고 교육 현장은 갈수록 근심이 늘고 있다. 공개적인 장소에서 의미도 제대로 모른 채 아무렇지도 않게 성 패드립을 주고받는 아이들도 적지 않다. 생각 없이 무심코 내뱉다 보니 그게 잘못된 언행이라는 것조차 인식하지 못하는 것이다. 은호 역시 성 패드립 낙서의 심각성에 대해 인지하지 못하고 있을 뿐 아니라 오히려 이를 지적하는 교사에게 반항적인 태도로 일관하고 있다. 은호의 행위는 교육활동 침해에 해당할 수 있으므로 교사는 은호와 실랑이를 벌이며 불쾌감을 감수할 필요 없이 바로 은호를 교육활동 침해로 신고할 수도 있다.

다만 신고에 앞서 먼저 고민해 볼 지점이 있다. 대체 은호는 왜 이런 낙서를 했고 왜 선생님에게 욕을 하며 반항적인 태도를 보였을까? 모든 행동에는 그 이유와 행동 이면의 욕구가 있으며 은호 역시 예외가 아닐 것이다. 그러니 먼저 은호의 마음을 들여다보는 작업이 선행되면 좋겠다. 단, 그 상황에서 바로 대처하기보다는 은호의 흥분이 가라앉은 뒤, 따로 조용한 장소에서 은호의 마음을 물어보는 것이 바람직하다. 그냥 무시하고 못 본 체하거나 단호하게 교육활동 침해로 신고하는 것도 방법이긴 하겠으나, 그보다 먼저 은호의 반항이 지속되고 강화되기 전에 그 원인을 찾아보고 해결하려는 노력이 필요하다는 생각이다.

그렇다고 해서 A 교사가 은호에게 다짜고짜 "너 아까 왜 그랬니? 선생님이 너무 속상했잖아."라고 말한다면 은호는 둘 중 하나일 것이다. 그냥 무조건 잘못했다고 하며 변명으로 일관하거나 아까의 반항적인 태도를 고수하거나. 어쩌면 그 말을 하는 교사 역시 은호가 왜 그랬는지에 대한 궁금함보다는 '내가 속상했다'라는 걸 은호에게 전달하고 은호를 훈계하고 싶은 마음이 더 앞설지도 모르겠다. 사실 상대방의 마음을 궁금해한다는 건 그 사람에 대한 애정이 깔려 있어야 가능할 것이다. 거기에다 잘 표현하는 기술도 중요하니 마음을 이야기하기 위해서는 진심도, 기술도 다 중요하다.

누군가와 마음을 나누는 대화를 하고 싶다면 '관찰, 느낌, 욕구, 부탁'으로 말하는 것을 기억하자. 즉 주관적인 판단이 아닌 객관적인 관찰을 바탕으로 나의 느낌과 욕구를 먼저 충분히 전달한 후, 상대방에게 부탁해야 한다.

* **예시**
- [관찰] 은호야, 아까 선생님이 교실에서 은호가 쓴 칠판 낙서를 보고서
- [느낌] 많이 당황했고 좀 놀라기도 했어.
- [관찰] 은호가 장난으로 쓴 거라고, 왜 나한테만 그러냐고 욕을 섞어서 말하는 걸 들었을 때는
- [느낌] 화도 났고 속상하기도 했어.

- [욕구] 왜냐하면 선생님은 서로 존중해 주는 게 중요하거든.
- [부탁] 아까 은호 마음이 어땠는지 얘기해 줄 수 있을까?

이렇게 시작할 수 있다면 절반은 성공이다. 물론 그 후에 대화를 제대로 이어가기 위해서는 더 많은 고민과 훈련이 필요하겠지만, 이렇게 대화를 시작한다면 적어도 은호의 반항이 더 심해지는 상황으로 이어지진 않을 것이다. 자녀나 학생과 이야기를 시작할 때 "너 왜 그랬니?"로 시작하는 건 아이의 마음을 닫는 비결임을 기억하자.

2. 너 이거 교권 침해야

[모욕, 정당한 생활지도에 불응/중학생]

오늘도 희재는 일어날 생각을 하지 않았다. B 교사는 모른 척하고 수업을 시작하긴 했지만, 자꾸만 눈길이 희재에게 향하는 건 어쩔 수 없었다. 깨워 봤자 희재가 일어날 리 만무했고 오히려 불쾌한 경험만 하게 될 거란 걸 뻔히 알지만, 결국 B 교사는 참지 못하고 희재를 불렀다.

"희재야, 일어나자."

예상했던 대로 희재는 미동도 하지 않았다. 한 번 깨웠으니 교사로서의 책무는 다한 거라고 마음을 다잡았건만 생각과는 달리 B 교사는 희재에게 다가가 등을 톡톡 치며 조금 크게 말했다.

"희재야, 이제 그만 좀 일어나라고. 지금 수업 시간이잖아."

"아 씨발, 그냥 냅두라고요."

희재는 거칠게 손을 휘두르며 짜증을 냈다.

"너 지금 뭐라고 했어? 씨발? 너 지금 나한테 욕한 거니? 일어나라는데 어디다 짜증을 내고 욕을 해?"

B 교사는 아이들 앞에서 대놓고 욕을 들었다는 사실이 참을 수가 없었다. 이대로 넘어가면 안 되겠다는 생각이 들었다.

"박희재, 일어나라고!"

아이들은 숨죽이며 이 광경을 지켜보고 있었다. 걱정을 하는 건지 아니면 흥미진진하게 구경을 하는 건지는 알 수 없었지만, 교실 안은 팽팽한 긴장감 때문에 숨을 쉬기조차 힘들었다.

결국 희재는 느릿느릿 고개를 들었고, 자리에서 일어나 B 교사에게 바싹 다가와서는 선생님을 빤히 쳐다보았다. 중학교 2학년치고는 키가 큰 편에 속하는 희재가 바싹 다가오니 B 교사를 내려다보는 형국이 되었다. 의도한 것인지 무심코 다가온 것인지는 확인할 길이 없었으나 B 교사는 희재의 태도가 자못 위협적으로 느껴졌다.

"지금 너 이 태도는 뭐야? 수업 시간에 엎드려 있고, 일어나랬더니 선생님한테 욕하고, 또 지금 이렇게 위협적으로 서 있고, 뭐 하자는 거야?"

"제가 뭘요? 일어나라면서요? 어쩌라구요?"

"너 이거 교권 침해야, 알아? 내가 신고할 거다!"

"아 씨발, 맘대로 하라고! 좆나 열받네. 왜 나한테만 지랄이야! 씨발, 기간제 주제에. 학교 그만두면 될 거 아니야!"

희재는 거칠게 책상을 밀치고는 뒷문 옆에 있던 청소 도구함을 발로 차더니 교실 밖으로 나가 버렸다. B 교사는 한숨이 나왔다. 얼마 전, 학생생활교육위원회에서 출석정지 2일을 받고 다시 학교로 돌아온 지 일주일이 채 지나지 않아 또다시 이런 일이 발생하다니 이제 희재를 어떻게 대해야 할지 막막했다. 이번엔 수업 시간에 아이들이 보는 앞에서 선생님에게 대놓고 욕을 하고 대들고 무단으로 교실을 이탈하기까지 했으니 이대로 그냥 넘어갈 순 없었다. 수업 종이 치자마자 B 교사는 교감 선생님에게 찾아갔다.

"교감 선생님, 저 교권 침해 신고하겠습니다. 신고서 양식 주세요."

법으로 해결하기

사안의 희재는 B 교사의 수업이 시작된 후에도 일어날 생각을 하지 않았다. 결국 B 교사는 희재를 깨웠다.

「초·중등교육법」 제20조의2와 「초·중등교육법 시행령」 제40조의3에 근거한 「교원의 학생생활지도에 관한 고시」는 학교의 장과 교원에게 학생생활지도 권한의 범위 및 방식에 관한 기준을 정하고 있고 이외 학칙(학교 규칙)과 학급 규칙을 통해 세부 내용을 결정할 수 있다. 이에 따르면 학교의 장과 교원은 학생들에게 '학업 및 진로', '보건 및 안전', '인성 및 대인관계' 그리고 그 밖의 분야로 나뉘어 생활지도를 할 수 있다. 여기서 '학업 및 진로'에는 교원의 수업권과 학생의 학습권에 영향을 주는 행위, 학교의 면학 분위기에 영향을 줄 수 있는 물품의 소지·사용, 진로 및 진학과 관련한 사항이 포함되므로 B 교사는 희재에게 '학업 및 진로'에 대한 생활지도를 하려던 것으로 볼 수 있다.

그런데 희재는 이러한 교사의 정당한 생활지도에 불응하며 욕설을 하였고 이어진 교사의 질책에 격한 반응을 보이며 교실을 나가 버렸다. 먼저 희재가 내뱉은 두 차례 욕설이 교육활동 침해행위의 어느 유형에 해당하는지 살펴보자. 형법상 모욕죄는 불특정 또는 다수인에게 특정인의 사회적 평가를 저하시킬 만한 추상적 판단이나 경멸적 감정을 표현할 때 성립한다. 그런데 언어는 인간의 가장 기본적인 표현 수단이고 사람마다 언어 습관이 다를 수 있으므로 그 표현이 다소 무례하고 저속하다는 이유로 모두 형법상 모욕죄로 처벌할 수는 없다. 따라서 어떠한 표현이 상대방의 인격적 가치에 대한 사회적 평가를 저하시킬 만한 것이 아니라면 설령 그 표현이 다소 무례하고 저속한 방법으로 표시되었다 하더라도 이는 모욕죄에 해당하지 않는다(대법원 2015. 9. 10. 선고 2015도2229 판결).

판례에서 피고인은 택시 기사와 요금 문제로 시비가 벌어져 112 신고를 하였다. 신고를 받은 경찰관이 현장에 도착하자 피고인은 경찰관에게 늦게 도착한 것에 대하여 항의를 하였다. 경찰관이 피고인에게 도착이 지연된 경위에 대하여 설명하려고 하자 피고인은 택시 기사가 지켜보는 가운데 경찰관에게 "아이 씨발!"이라고 욕설을 하였다. 위 사건에서 법원은 "피고인의 욕설은 상대방을 지칭하지 않은 채 단순히 발언자 자신의 불만이나 분노한 감정을 표출하기 위하여 흔히 쓰는 말로서 상대방을 불쾌하게 할 수 있는 무례하고 저속한 표현이기는 하지만 직접적으로 피해자를 특정하여 그의 인격적 가치에 대한 사회적 평가를 저하시킬 만한 경멸적 감정을 표현한 모욕적 언사에 해당한다고 단정하기는 어렵다."라고 판시하면서 모욕죄의 성립을 부정하였다(대법원 2015.12.24. 선고 2014도6622판결). 상대방을 특정한 것이 아니고, 사회적 평가를 저하시킬 만한 경멸적 감정의 표현이 아니기에 모욕죄가 성립하지 않는다는 것이다. 이러한 관점에서 앞선 사례 속 은호가 내뱉은 "아이 씨발"이라는 욕설도 모욕죄에 해당하지 않을 수 있음을 언급하였다.

　사안의 희재는 같은 반 학생들이 보는 앞에서 B 교사를 향하여 단순히 욕설만 한 것이 아니라, '왜 나한테만 지랄이야', '기간제 주제에'와 같은 표현을 함께 사용한 점에서 모욕죄의 구성 요건을 충족할 것으로 보인다(교원지위법 제19조 제1호 가목). 또 희재의 태도가 단순히 수업을 듣는 것을 넘어 B 교사의 지시를 고의로 무시하며 정상적인 교육활동을 방해하는 것으로 볼 수 있다면 '정당한 생활지도에 불응하여 의도적으로 교육활동을 방해하는 행위(교육부 고시 제2조 제4호)'로 교육활동 침해행위에 해당할 수 있을 것이다.

교육적으로 해결하기

사실 희재 같은 학생은 중학교 교실에서 어렵지 않게 만날 수 있다. 정도의 차이는 있겠지만, 한 반에 한 명꼴로 있다고 해도 과언이 아닐 것이다.

12~15세, 즉 중학생은 감정 조절, 충동 억제, 사회적 행동 조절 등을 담당하는 전두엽이 구조적, 기능적으로 미성숙한 시기이다. 반면 감정과 쾌락을 처리하는 변연계는 활발히 작동하기 때문에 감정은 강렬하되 감정을 통제하는 능력은 덜 발달되어 있다. 그러다 보니 교사가 무언가를 통제하려 했을 때 이에 강하게 반응하고 욕설 등의 충동적인 언행이 나오게 된다. 특히 다른 사람 앞에서 창피를 당했다고 느끼면 더 큰 공격성을 나타낼 수 있다.

희재 역시 전형적인 중학생의 반항성과 공격성을 표출하고 있으므로 이에 대처하는 교사의 심리적 부담도 그만큼 클 수밖에 없다. 이를 교육적으로 해결하기 위해서는 무엇보다 먼저 교사 스스로 충분한 자기 공감과 정서 조절의 시간이 필요하다. '내 마음이 다쳤다.', '속상하고 분노가 치밀어 오른다.'라는 느낌은 정당하므로 이에 대한 자기 공감을 충분히 해 주어야 한다. 다만 이와 동시에 교육적 시선을 유지하는 것도 필요하다.

특히 화가 났다고 해서 "이거 교권 침해야. 너 신고할 거야!"라고 말하는 것만큼은 자제하기를 권한다. 이는 아이들이 친구들끼리 "이거 학폭이야. 너 신고할 거야!"라고 말하는 것과 비슷한 대응이기 때문이다. 학생에게 '신고'라는 말을 직접적으로 사용하는 건 대화를 거부하고 권위로 누르겠다는 표현으로 받아들여질 수 있다. 즉 처벌 중심의 시그널로 작용하여 오히려 학생의 더 큰 반발심을 부추기는 결과를 가져올 수 있다. 그러므로 경계는 분명히 하되 학생에 대한 태도는 존중을 유지하도록 단호함과 공감을 동시에 전달하는 게 중요하다. '신고'라는 말을 학생에게 직접적으로 사용함으로써 교사와 학생의 관계를 가해-피해 관계로 낙인찍지 않도록 주의하자.

그런 의미에서 교사로서 학생과 똑같이 감정적 대응을 하지 않도록 잠시 시간 간격을 두는 것도 효과적이다. 희재가 어느 정도 진정되고 교사의 마음도 어느 정도 가라앉고 난 뒤에 희재와의 대화를 시도해 볼 것을 권한다.

* 예시
- [관찰] 희재야, 그날 네가 수업 시간에 엎드려 있어서 선생님이 깨웠는데, 그 뒤에 네가 언성을 높였지. 욕을 섞어서 말하기도 했고.
- [느낌] 선생님은 그때 많이 당황했고 마음이 무거웠어.
- [욕구] 왜냐하면 선생님은 서로 존중해 주는 관계로 지내고 싶거든.
- [부탁] 희재의 입장에서 그날 무슨 일이 있었는지, 어떻게 느꼈는지 이야기해 줄 수 있을까?

· [부탁] 너의 입장은 충분히 이해할 수 있어. 하지만, 수업 중에 욕을 하거나 교실을 나가 버리는 행동은 선생님뿐 아니라 다른 친구들 모두를 힘들게 한다는 걸 기억하면 좋겠다. 네가 마음이 힘들 때 어떤 방법으로 그걸 표현할 수 있을지 선생님이랑 같이 생각해 보자.

이처럼 쉽게 흥분하고 공격성을 표출하는 중학생에게는 변증법적 인지 행동 치료인 DBTDialectical Behavior Therapy의 정서 조절 기술 훈련이 도움이 될 수 있다. 원래 DBT는 자살 시도, 자해 등 경계성 성격장애 환자를 위해 개발된 치료 기법이지만, 지금은 청소년 정서 조절을 위해 교육 현장에서도 많이 사용되고 있다. DBT 과정을 이수한 상담 전문가가 진행하는 것이 원칙이지만, DBT는 구조화, 유목화가 잘 되어 있고 관련 자료도 많기 때문에 상담에 대한 이해도가 있는 일반 교사도 일부 활용해 볼 수 있다.

(1) 감정 온도계

· 감정을 0부터 10까지 수치화해서 표현하게 한다.
· 오늘 느낀 감정은? : 화남, 불안, 짜증, 피곤함, 지루함
· 감정 온도계 표시하기 : 그 감정은 0부터 10까지 중에 어느 정도에 해당할까?
· 온도계가 7이 넘어가면 나는 어떤 행동을 할까? : 소리를 지른다, 욕을 한다, 잠을 잔다……

- 다음에 온도계가 또 7이 넘어가면 이렇게 할래요. : 잠시 엎드려 있는다. 혼자 있는다.

(2) STOP 기술

- S(Stop 멈추기), T(Take a step back 한발 물러서기), O(Observe 관찰하기), P(Proceed mindfully 마음 챙김)
- 강한 감정이 올라왔을 때 즉각적으로 반응하지 않고 충동에서 잠시 몸을 피하는 것
- 최근에 분노가 폭발했을 때를 떠올려보기 : 언제? 어디서? 누구와? 무슨 일이 있었나?
- S(Stop) : 만약 그때 반응하지 않고 멈췄다면 어땠을까?
- T(Take a step back) : 만약 그때 한발 물러나서 생각했다면 어떤 생각을 했을까?
- O(Observe) : 그때의 내 마음, 내 몸, 내 생각을 관찰해 볼까?
- P(Proceed mindfully) : 그때 내 마음을 잘 다스렸다면 나는 어떻게 행동했을까?

요즘 교실에는 엎드려 자는 아이들이 기본적으로 한두 명씩은 있다. 수업 시간마다 늘 자는 아이들을 굳이 깨우지 않게 되어 버린 지도 오래다. 어차피 자는 아이들을 깨워 봤자 순순히 일어나지도 않을 뿐만 아니라, 실제로 수업을 열심히 듣는 학생 중에서는 아예 엎드려

자는 학생들을 깨우지 말아 달라고 요청하는 경우도 적지 않다. 자는 학생을 깨우기 위해 실랑이를 하게 도면 수업의 흐름이 끊어지고 그만큼 수업 시간을 뺏기는 셈이 되니 차라리 그냥 두는 편이 낫다는 이유다.

그러므로 이렇게 굳이 엎드려 있는 희재를 깨운 B 교사는 그만큼 열정도 있고 학생을 생각하는 마음도 큰 선생님일 것이다. 학생이 순순히 일어날 리가 없다는 걸 뻔히 알면서도, 심지어 생활교육위원회에서 징계를 받았던 학생이라는 걸 알면서도 그 갈등을 감당할 각오로 아이를 깨웠으니 말이다.

다만 앞에서도 언급했듯이 '이건 교육활동 침해'라고 직접적으로 경고하기보다는 학생 스스로 이것이 교육활동 침해임을 깨달을 수 있도록, 그래서 필요하다면 교권보호위원회의 징계를 통해서라도 학생 스스로 깨달을 수 있도록 길을 제시하는 것, 그것이 교사의 역할이라는 생각이다.

[생각의 틈새]
교권 침해와 교육활동 침해
신서희

"이거 교권 침해인지 아닌지 궁금해서 전화했는데요."

오늘도 어김없이 신분을 밝히고 싶어 하지 않는 어느 선생님의 문의 전화가 걸려 왔다. 2023년 서이초 사건 이후 학교 현장에는 조금씩이나마 변화가 시작되었다. 초중등교육법, 교원지위법을 비롯한 교육 관련 법령이 개정되었고 무분별한 아동학대 신고에 대한 문제 제기가 본격적으로 논의되기 시작했다. 아동학대 사안에 대한 교육감 의견서 제출 단계가 추가되었고, 정당한 교육활동에 대한 보호자의 협력, 존중의 의무 조항도 초중등교육법에 신설되었다.

이런 일련의 변화 중 하나가 바로 교권보호위원회 이관이다. 교원지위법 개정으로 지난 2024년 3월 28일, 학교 교권보호위원회가 교육청으로 이관되었다. 이전에는 학교에서 교권보호위원회를 열어 심의를 했지만, 2024년 3월 28일 이후로는 각 지역교육청에서 해당 사안에 대한 교권보호위원회를 개최하여 침해행위 여부를 심의하게 된 것이다. 덕분에 교권에 대한 교사들의 인식과 관심, 민감도도 그만큼 높아졌다. 예전에는 말썽꾸러기 학생들을 어떻게든 학교에서 끌어안고 지도하느라 애를 써야 했지만, 이젠 교육활동 침해로 신고하는 비율이 높아졌다. 예전에는 교내에서 생활교육위원회를 통해 학생에게 징계 조치를 내렸지만, 최근에는 생활인권규정 위반 사항과 교육활동 침해 사항을 세밀하게 구분하여 교육활동 침해로 신고하는 경우도 적지 않다. 생활지도를 따르지 않는 학생에게 "너 이거 교권 침해야. 한 번만 더 그러면 교권 침해로 신고한다."라고 경고하는 교사도 종종 찾아볼 수 있다. 한편 이를 학생 인권과 교권의 대립으로 바라보는 시각도 존재하는 게 사실이다. 그렇다면 학생 인권과 교권은 정말 반대되는 개념일까? 둘 중 하나를 강조하면 다른 하나는 버려야 하는 걸까? '교권 침해'와 '교육활동 침해'의 차이는 바로 이런 질문에서 출발한다.

심의위원회의 명칭은 '교권보호위원회'이지만, 교권보호위원회에서 심의하는 것은 '교권 침해'가 아닌 '교육활동 침해'의 여부이다. 즉, 심의의 목적은 교육활동 보호이며, 이는 교사의 수업권과 학생의 학습권 모두를 보호하는 개념이다. 교원지위법 제19조에 의하면 교육활동 침해행위란 고등학교 이하 각급학교에 소속된 학생 또는 그 보호자 등이 '교육활동 중'인 교원에 대하여 교원의 '교육활동'을 침해하는 행위를 하는 것을 말한다.

예를 들어 교사가 상담실에서 학생과 개인 상담을 하던 중, 학생이 비웃는 표정으로 "그거 아세요? 선생님 수업 시간에 너무 졸리고 잔소리 많이 해서 애들이 선생님 수업 싫어해요."라고 말했다면 이건 당연히 학생이 예의에 어긋나는 말을 한 것이고, 어떤 의미에서는 교권을 침해했다고도 생각할 수 있다. 하지만 이 말이 '교육활동 침해'에 해당한다고까지는 보기 어렵다. 즉 이런 경우는 교사가 지도나 훈계 등으로 학생을 교육해야 할 사안이지, 교육활동 침해로 '신고'를 할 사안은 아니라는 의미이다. 또한 학생이 무단 지각과 조퇴를 밥 먹듯이 하고 교내에서 흡연으로 여러 차례 적발되어도 행동을 수정하지 않는다면 이 역시 교육활동 침해로 신고하는 게 아니라 학교 생활교육위원회를 통해 학생을 지도해야 할 사안이다.

반면 교사가 여러 차례 지도했음에도 불구하고 수업 시간에 계속 돌아다니거나 큰 소리로 떠들고 교사의 반복되는 지도에 불응하면서 수업을 방해한다면 그건 '정당한 생활지도에 불응하여 의도적으로 교육활동을 방해하는 행위(교육부 고시 제2조 제4호)'로 교육활동 침해행위에 해당할 것이다. 중학교 남학생이 다수의 학생이 있는 복도에서 여선생님에게 "와우, 선생님, 섹시해요! 다 보여요!"라고 말한다면, 이 역시 '교육활동 중인 교원에게 성적 언동 등으로 성적 굴욕감 또는 혐오감을 느끼게 하는 행위(교육부 고시 제2조 제2호)'로 교육활동 침해행위에 해당할 수 있다.

다만 법리적으로 교육활동 침해가 맞다고 해도 이러한 행위가 과연 '신고'할 사안인지, 아니면 '교육'하고 '지도'할 사안인지에 대해서는 법적 판단이 아닌 가치적 판단이 필요하다는 생각이다. 즉 변호사, 경찰, 학부모, 교원 등 외부 전문가로 구성된 위원회로부터 이 행위가 교육활동 침해에 해당하는지를 심의받아야 할 사안인지, 아니면 학교 안에서 교육 공동체가 힘을 모아 교육적으로 해결해야 할 행위인지에 대한 교육적 고민이 선행되면 좋겠다.

  법리적 해결과 교육적 해결, 둘 중 어느 것이 더 바람직한지 단정할 순 없다. 당연히 사안에 따라 다를 것이다. 예컨대 교육부 고시에 명시된 침해행위 중 "정당한 생활지도에 불응하여 의도적으로 교육활동을 방해하는 행위"(교육부 고시 제2조 제4호)의 경우, "정당한 생활지도에 불응하는 것"과 "의도적으로 교육활동을 방해하는 것" 둘 중 어디에 방점을 두느냐에 따라 체감하는 정도는 다를 수 있다. 정당한 생활지도에 불응하는 것만으로 교육활동 침해냐 아니냐를 따지는 건 쉽지 않은 문제라는 의미이다. 이게 교육활동 침해인지 아닌지를 고민하다 보면 아마도 거의 매일 신고할까 말까만 생각하게 될 것이다. 서글픈 현실이지만, 이런 침해행위는 교실에서 거의 매일 만나게 되는 일상이기 때문이다.

  교권이 추락한 현 상황에서 굳이 이렇게까지 구분해야 하냐고 생각할 수도 있겠지만, 이는 교육의 본질에 대한 고민에서 출발해야 할 문제다. 만약 위와 같은 학생들을 전부 교육활동 침해로 신고한다면 학교는 교육이 사라지고 신고로 점철된 공간이 될 것이다. 교사와 학생의 관계는 깨어지고 신고와 처벌만 오가게 된다. 교권보호위원회는 징계가 아닌 교육을 목적으로 해야 하며, 교권만을 보호하는 것이 아니라 교육활동을 보호하는 것이 목적이어야 한다. 무엇보다 신고에 앞서 교육적 고민이 선행되어야 교육활동 침해 사안이 발생했을 때 교권보호위원회가 교사의 교육활동을 확실하게 보호해 줄 수 있는 강력한 심의 기구로서의 사회적 권위를 가질 수 있을 거라 믿는다.

그러고 보면 나의 권리와 이익을 앞세우고 작은 불이익도 참지 못해 늘 분노로 가득한 이 사회에서 교사가 교육 전문가로서의 자존감과 역할을 온전히 지켜 낸다는 것이 얼마나 어려운 일인지 새삼 실감하게 된다. 그럼에도 여전히 99퍼센트의 학부모는 따뜻하고 99퍼센트의 교사는 성실하며 99퍼센트의 학생은 성장하고 있다고, 여전히 학교가 희망이라고 믿고 싶다.

3. 우리 아이는 아프잖아요

[손괴, 정당한 생활지도에 불응/초등학생]

"선생님, 우진이가 제 활동지 찢었어요!"

오늘은 어쩐 일로 좀 조용하나 싶었는데, 역시나 어김없이 우진이였다. 재형이의 말이 끝나기가 무섭게 우진이는 조각조각 찢은 활동지를 교실에 뿌리며 돌아다니기 시작했다.

"우진아, 얼른 자리에 와서 앉자. 우진이가 그렇게 돌아다니면 다른 친구들에게 방해가 되잖아."

우진이는 H 교사의 말이 전혀 들리지 않는 것 같았다. 잠시도 멈추지 않고 교실의 책상 사이사이를 돌아다니면서 활동지 찢은 조각을 뿌리고 아이들의 노트와 책을 헤집어 놓았다.

"우진아, 너 정말 그럴 거야? 선생님 말 안 들으면 교무실로 보낼 거다."

H 교사는 우진이를 달래도 보고 언성을 높이기도 했지만, 우진이는 막무가내였다. 오히려 교탁 앞으로 성큼성큼 다가오더니 교탁 위에 남아 있던 활동지마저 찢기 시작했다. 급기야 잠시 후엔 노래까지 흥얼거렸다. 교실 안에서 이리저리 돌아다니며 노래를 흥얼거리는 우진이 때문에 결국 수업이 중단되었다. H 교사는 우진이의 손을 잡고 자리에 앉히려고 했지만, 우진이는 거칠게 선생님의 손을 뿌리쳤다.

"이거 놓으라고!"

그렇게 우진이와 H 교사가 실랑이하는 사이에 수업이 끝났고 H 교사는 한숨을 내쉬며 교감 선생님에게 찾아갔다.

"교감 선생님, 더는 안 되겠어요. 오늘도 우진이 때문에 2반 수업 하나도 못했어요. 저 교육활동 침해로 신고하겠습니다."

다음 날 아침, 출근하자마자 H 교사를 찾는 전화가 왔다. 우진이 어머니였다.

"선생님, 저 우진이 엄마예요. 어제 제가 교무부장님 전화 받고 정말 한숨도 못 잤어요. 바로 전화를 하려다가 퇴근 시간 이후에 전화했다고 또 뭐라고 하실 거 같아서 지금 전화드려요. 선생님이 우리 우진이 교육활동 침해로 신고하셨다는데 정말인가요?"

수화기 너머로 들리는 우진이 어머니의 목소리에서 이미 분노가 느껴졌다. 전화가 올 거라고 예상은 했지만, 막상 출근하자마자 전화를 받으니 H 교사는 가슴이 두근거렸다.

"네, 어머님. 저 많이 고민해서 내린 결정입니다. 일단 저는 둘째치고 2반 수업이 제대로 이루어지지 않아서요. 다른 아이들을 위해서라도 우진이한테 엄격한 경고가 필요하겠다는 생각이 들었어요. 그래서 교육활동 침해로 신고했습니다."

"아니, 선생님. 우리 우진이 ADHD인 거 다 아시잖아요. 요즘 좀 괜찮아진 거 같아서 약을 안 먹이고 있었는데, 지금이라도 약을 다시 먹이라고 말씀하시면 되지, 이게 신고를 하실 일인가요? 아픈 아이를 꼭 신고까지 하셔야겠어요? 정말 너무하시네요."

H 교사는 마음이 복잡해졌다. 우진이가 ADHD인 건 이미 알고 있었다. 그래서 계속 참아 왔는데, 이젠 다른 아이들의 학습권을 위해서라도 교육활동 침해로 신고하는 게 맞다고 생각했다. 하지만 아침부터 우진이 어머니의 전화를 받고 나니 도대체 어떻게 해야 할지 해결책이 떠오르지 않았다. 무엇보다 지금 우진이 어머니의 전화 때문에 불쾌한 건지, 아니면 학생을 신고한 자신에게 자괴감을 느끼는 건지, 그도 아니면 이런 걸 해결해 주지 못하는 교감 선생님에게 서운한 건지 마음의 정체조차 알 수 없었다.

법으로 해결하기

우진이는 같은 반 친구의 활동지를 찢고 교실을 돌아다녔다. 그리고 교탁 위에 있는 남은 활동지도 찢어 버렸다. 일단 우진이가 H 교사의 활동지를 찢은 행위는 형법상 손괴에 해당할 것으로 보인다(교원지위법 제19조 제1호 가목). 타인의 재물이자 문서인 활동지를 사용할 수 없도록 망가뜨렸기 때문이다. 또 수업 시간 중 교사의 지시에 불응하며 교실을 돌아다니고 활동지 조각을 뿌린 행위는 단순히 수업을 듣지 않는 것을 넘어선 것으로, 교원의 정당한 생활지도에 불응하여 의도적으로 교육활동을 방해한 행위(교육부 고시 제2조 제2호)에도 해당할 것으로 보인다.

> 「형법」 제366조(재물손괴등)
> 타인의 재물, 문서 또는 전자기록등 특수매체기록을 손괴 또는 은닉 기타 방법으로 기 효용을 해한 자는 3년 이하의 징역 또는 700만원 이하의 벌금에 처한다.

문제는 우진이가 주의력 결핍 과잉 행동 장애ADHD, Attention Deficit/Hyperactivity Disorder를 앓고 있다는 점이다. ADHD 진단을 받는 학생들이 많아지면서 학교폭력과 교육활동 침해 사안 처리 과정에서 관련 자료를 제출하는 사례가 늘어나고 있다. 물론 학생과 학부모가 제출한 자료는 심의 과정에서 충분히 검토되므로 참고 자료로 제출하는 것은 가능하다. 그러나 ADHD 진단을 받았다는 것이 반드시 조치결정에 영향을 미치는 것은 아니다. 교원지위법에서는 교육활동 침해행위 심의 시 추가 판단 요소로 '교육활동 침해학생에게 장애가 있는 경우'와 '피해 교원이 임신 중이거나 장애가 있는 경우' 두 가지를 정하고 있다. 침해학생에게 장애가 있을 경우는 조치결정 시 1단계 감경이 가능하며, 반대로 피해 교원이 임신 중이거나 장애가 있을 경우에는 1단계 가중하여 조치할 수 있다. 감경이나 가중 여부는 교권보호위원회가 교육활동 보호의 필요성과 조치의 실현 가능성 등을 종합적으로 판단하여 협의 후 결정하게 된다. 교원지위법에서 추가 판단 요소로 명시한 두 가지 사유 외에는 가중 또는 감경사유로 인정하지 않으므로, 우진이는 기본 판단 요소에 따라 심의를 받게 될 것이다. 판례 역시 같은 태도이다(부산지방법원 2025. 5. 29. 선고 2025구합20275 판결 등).

교육적으로 해결하기

ADHD 아동의 반복적인 수업 방해는 정도의 차이는 있지만, 많은 학교에서 빈번하게 일어나고 있다. ADHD 약을 복용하는 학생도 증가 추세이며 심각한 수준의 ADHD 학생으로 인한 교육활동 침해를 호소하는 교사도 적지 않다.

교육활동 침해란 교사의 수업권과 학생의 학습권 모두를 포함한 교육활동이 침해되었다는 의미이므로, 이 사안도 우진이로 인해 H 교사의 수업권과 학생들의 학습권이 모두 침해되었다고 할 수 있다. 다만 교권보호위원회는 학생의 징계나 처벌이 아닌 교육적 목적으로 개최되어야 하는데, 이 경우는 교권보호위원회에서 우진이에게 어떤 조치를 내린다고 해서 우진이의 행동이 개선될 가능성이 높지 않다는 게 고민해 보아야 할 지점이다. 교권보호위원회를 통해 피해 교원 보호뿐 아니라 학생이 자신의 잘못을 깨닫고 더 나아가 잘못된 행동을 개선하는 것이 가장 이상적인 방향일 텐데, ADHD 아동은 그게 쉽지 않은 게 현실이다. 또한 '신고'로 대응했을 때 학부모와의 갈등이 심화될 가능성도 배제할 수 없다.

따라서 이 경우에는 '처벌'이 아닌 '교육활동 보호와 지원 체계 마련'이라는 관점으로 접근하기를 권한다. 이를 위해서는 학부모의 협력이 절대적으로 필요하다. 만약 교사가 학부모에게 우진이를 신고하겠다고 했을 때 학부모는 이를 단순한 '처벌'로 받아들이고 민감하게 반응할 수 있다. 그러므로 교사는 신고 이전에 학부모를 '협력자'로 초대하는 게 꼭 필요하다. 이때 단호하고 분명하게, 그러나 공감적 표현을 사용하면 좋겠다. 우진이의 강점을 먼저 언급해 주는 것도 공감대 형성에 도움이 될 것이다.

＊ 예시

- [공감] 우진이 부모님, 우진이가 ○○○○하는 모습이 참 예쁘고 기특했어요. 우진이의 이런 긍정적인 부분이 더 잘 드러나고 수업에서도 잘 발휘될 수 있도록 저도 도와주고 싶습니다.
- [관찰] 그런데 우진이가 최근 들어 수업 중에 돌아다니고 친구들의 활동지를 찢는 등의 행동이 매일 나타나고 있어요. 물론 저도 우진이가 어려움이 있다는 걸 잘 알고 있습니다. 다만 지금의 상황에서는 수업이 진행되기 어렵고 다른 친구들도 영향을 받고 있는 상황입니다. 수업에 어려움이 있어서 이젠 학교 차원의 도움이 필요한 시점이라는 생각이 듭니다.
- [협력 요청] 우진이를 돕기 위한 학교 차원의 지원을 부모님도 함께 고민해 주시면 좋겠습니다. 학교와 가정이 같은 방향으로 지도할 수 있다면 더 효과적일 것 같습니다. 학교가 일방적으로 하려는 게 아니라 우진이를 위한 방법을 부모님과 함께 찾아가는 과정이라고 생각해 주시면 감사하겠습니다. 가정과 학교가 같은 방향을 바라보고 같은 방식으로 일관성을 지켜서 지도하는 게 아이에게 가장 큰 도움이 된다고 생

각합니다.

학부모와의 협력 체계가 어느 정도 구축된 이후에는 학교 내의 지원 체계를 세우는 게 필요하다. 무엇보다 H 교사가 혼자 우진이를 책임지지 않도록 학교의 지원 체계 마련을 요청하면 좋겠다.

1. 위기관리위원회 개최

일반적으로 위기관리위원회는 자살, 자해, 심각한 학교폭력 피해 등의 위기학생을 대상으로 개최하지만, 최근 들어서는 ADHD 학생을 대상으로 개최하는 경우도 적지 않다. ADHD 학생의 문제 행동이 심각하고 지속적이거나 학교생활 적응에 심각한 어려움을 겪는 경우 등에 개최할 수 있다. 다만 위기관리위원회를 열 때는 이 위원회의 목적이 징계가 아니라는 것을 학부모에게 충분히 안내할 필요가 있다. 학생에 대한 징계성 목적이 아닌 학생을 돕기 위한 지원 체계 구축이 목적임을 분명하게 알리고 학부모의 협조를 구해야 한다. 즉 위기관리위원회를 통해 학교가 적극적으로 개입함으로써 교사의 심리적 부담을 낮추고 학부모의 신뢰를 구축한다는 점에서 큰 의의가 있다.

2. 교육청, 학생맞춤통합지원 등 지원 요청

위기관리위원회 개최 이후, 필요한 경우 교육청, 학생맞춤통합지원 등 관련 기관과 연계하여 지원 요청을 할 수 있다. 이때 학부모에게 협조를 요청하고 학교 차원의 대응 의지를 전달한 뒤, 함께 우진이에 대한 구체적인 지원 계획을 수립하는 것을 추천한다. 만약 우진이의 행동이 학습 환경에 심각한 영향을 미친다고 판단될 경우에는 행동중재계획BIP, Behavior Intervention Plan 수립도 고려해 볼 수 있다.

행동중재계획BIP은 특수교육법 제22조에 의거한 개별화 교육 계획IEP의 일환으로 교육부가 주관하는 맞춤형 지원 체계를 의미한다. 주로 자폐, 정서 문제 등을 가진 특수 교육 대상자에게 적용하지만, 교육적 필요에 따라 일반 학생에게도 적용할 수 있다. 다만 일반 학생에게 적용할 때는 행동중재계획의 내용을 참고하되 '행동중재계획'이라는 용어는 쓰지 않는 게 학부모의 협조를 구하기에 더 좋을 수도 있다. 행동중재계획 수립 시에는 행동 중재 분석가의 분석이 필요하기 때문에 이에 대한 학교 자체 예산은 준비되어 있어야 한다. 물론 담임 교사, 상담교사 등 학교 구성원이 협력하여 계획을 수립하는 것도 가능하다. 일반적으로 교육부의 「장애학생 행동중재 가이드라인」에 의거한 행동중재계획에는 다음과 같은 내용이 포함된다.

1. 문제 행동 정의: 수업 중에 돌아다님, 활동지를 찢는 등 교구를 훼손함 등
2. 행동이 일어나는 원인 파악: 언제, 어디서, 무엇 때문에 행동이 일어나는지
3. 대안 행동 교육: 적절한 역할을 부여(일어나고 싶을 때는 카드를 들어서

표시)

4. 긍정적 강화 전략 수립: 칭찬 스티커, 도움 요청 카드 사용 시 칭찬 카드 등

이외에도 한국교육개발원KEDI에서 운영하는 플랫폼인 학생 맞춤 통합 지원 누리집을 통해 좀 더 통합적으로 접근하여 필요한 지원을 다양한 형태로 신청할 수 있다.

4. 장난으로 해 본 거예요

[딥페이크, 촬영물 등 무단 배포/중학생]

"K 선생님이신가요? ○○경찰서 여성청소년과 ○○○ 경사입니다."
 K 교사는 순간 보이스 피싱이 의심되어 전화를 끊으려고 했다. 그런데 여성청소년과라 하니 선뜻 끊기가 망설여졌다.
 "네. 그런데요. 무슨 일이시죠?"
 "혹시 손태오 학생을 아십니까?"
 "하… 네. 저희 반 학생입니다."
 경찰의 입에서 태오의 이름이 나오자 K 교사는 저절로 한숨이 나왔다. 또 태오라니, 이번엔 또 무슨 말썽을 피웠길래 경찰서에서까지 연락이 오는 건지 벌써부터 머리가 지끈거렸다.
 "손태오 학생이 선생님의 사진을 여성 가슴 노출 사진에 합성해서 SNS에 공유하다가 적발되었습니다. 다행히 일찍 적발되어서 선생님 사진이 성범죄 사건에 이용되진 않은 듯합니다. 손태오 학생 휴대폰은 디지털 포렌식을 할 예정이니까 결과가 나오면 다시 알려 드리겠습니다."

K 교사는 정신이 아득해졌다. 뉴스에서나 볼 법한 일이 자신에게 일어났다는 사실이 믿어지지 않았다. 이게 말로만 듣던 딥페이크 불법 영상물, 그런 건가 싶어 가슴이 철렁 내려앉았다. 세상에 사진 합성이라니, 그것도 가슴 노출 사진에 합성했다니, 혹시 이 사진이 이상한 사이트에 돌아다니고 있는 건 아닌지 겁이 났다. 경찰은 당황한 K 교사를 다독이며 차근차근 설명해 주었다. 손태오 학생이 사진을 합성하자마자 이를 자랑삼아 친구들이 있는 인스타 DM 방에 올렸는데, 채팅방에 있던 한 학생의 어머니가 우연히 그걸 발견했고, 놀라서 학교에 연락하여 이를 알리고 경찰에도 신고를 하게 된 것이었다. 다행히 손태오 학생이 사진을 합성하자마자 바로 적발되었기 때문에 더 큰 범죄 사건으로 확대되진 않았다.

경찰서로부터 전화를 받은 다음 날, 교감 선생님이 K 교사를 불렀다. 어제 손태오 학생과 보호자를 불러 면담을 진행했고 자초지종을 상세히 파악했다고 했다. 경찰의 수사 결과를 좀 더 지켜봐야겠지만, 아마도 특별한 목적 없이 그저 장난삼아 사진을 합성한 것 같단다. 막상 일이 이렇게 커지니 태오도 겁이 났던지 교감 선생님 앞에서 고개도 들지 못한 채 눈물만 뚝뚝 흘리다가 정말 장난으로 딱 한 번 만들어 본 게 전부라는 말만 되풀이했다고 했다.

사실 K 교사 생각도 다르지 않았다. 태오가 장난꾸러기이고 말썽을 많이 피우긴 하지만, 그래도 딥페이크 성범죄에 연루될 만큼 나쁜 아이는 아니라는 걸 알고 있었다. 태오의 말대로 호기심에 장난으로 한 번 만들어 보고는 친구들한테 자랑하고 싶었을 것이다.

하지만 아무리 태오가 그런 목적이 아니었고 그저 장난이었다고 해서 잘못이 아닐 순 없었다. 심지어 합성한 사진이 여성의 가슴 노출 사진이었으니 그 행위 자체가 범죄라는 생각이 들었다. 비록 심각한 딥페이크 성범죄 사건으로까지 확대되진 않았어도 SNS에 공유를 한 것만으로도 명백한 교육활동 침해이고 범죄가 아닌가. 적어도 그 SNS 채팅방에 있던 아이들은 모두 자신의 합성 사진을 보았을 텐데, 생각만 해도 얼굴이 화끈거렸다. 게다가 만약 이렇게 바로 적발되지 않았다면 뉴스에 나올 법한 성범죄 사건으로 이어지지 않으리란 보장은 없었다. K 교사는 도저히 이대로 넘어갈 수는 없었다. 경찰 수사 진행 과정과는 별개로 일단 태오에 대한 학교 차원의 징계 절차도 필요하다는 생각이 들었다.

법으로 해결하기

지난해 일부 대학 단위에서 딥페이크를 활용한 성범죄 사건이 발생하여 사회에 큰 충격을 주었다. 딥페이크Deepfake는 인공 지능의 '딥러닝Deep Learning 기술'과 '가짜Fake'의 합성어로, 특정 인물의 얼굴이나 음성을 조작한 허위 영상이나 음성 콘텐츠를 의미한다. 문제의 딥페이크 성범죄는 텔레그램 내 '겹지인방'('겹치는 지인 방'의 줄임말, 지인들의 정보를 공유하는 공간이라는 뜻이다)이라는 채널을 통해 같은 학교 학생 등 지인의 얼굴과 신체를 성적 욕망을 자극하는 형태로 합성하고, 이를 정보통신망을 이용해 광범위하게 제작·유포했다는 점에서 심각한 사회적 문제가 되었다. 이후 딥페이크 범죄의 확산을 막고 범죄의 처벌을 강화하기 위하여 지난해 말 「성폭력범죄의 처벌 등에 관한 특례법」(아래에서는 간략히 「성폭력특별법」이라고 한다)이 개정되었다.

> 「성폭력범죄의 처벌 등에 관한 특례법」 제14조의2(허위영상물 등의 반포등)
> ① 사람의 얼굴·신체 또는 음성을 대상으로 한 촬영물·영상물 또는 음성물(이하 이 조에서 "영상물등"이라 한다)을 영상물등의 대상자의 의사에 반하여 성적 욕망 또는 수치심을 유발할 수 있는 형태로 편집·합성 또는 가공(이하 이 조에서 "편집등"이라 한다)한 자는 7년 이하의 징역 또는 5천만원 이하의 벌금에 처한다.
> ② 제1항에 따른 편집물·합성물·가공물(이하 이 조에서 "편집물등"이라 한다) 또

는 복제물(복제물의 복제물을 포함한다. 이하 이 조에서 같다)을 반포등을 한 자 또는 제1항의 편집등을 할 당시에는 영상물등의 대상자의 의사에 반하지 아니한 경우에도 사후에 그 편집물등 또는 복제물을 영상물 등의 대상자의 의사에 반하여 반포등을 한 자는 7년 이하의 징역 또는 5천만원 이하의 벌금에 처한다.
③ 영리를 목적으로 영상물등의 대상자의 의사에 반하여 정보통신망을 이용하여 제2항의 죄를 범한 자는 3년 이상의 유기징역에 처한다.
④ 제1항 또는 제2항의 편집물등 또는 복제물을 소지·구입·저장 또는 시청한 자는 3년 이하의 징역 또는 3천만원 이하의 벌금에 처한다.
⑤ 상습으로 제1항부터 제3항까지의 죄를 범한 때에는 그 죄에 정한 형의 2분의 1까지 가중한다.

개정된 법령은 기존 법령에서 '반포등을 할 목적으로'라는 문구를 삭제하여, 사람의 얼굴·신체 또는 음성을 대상으로 한 촬영물·영상물 또는 음성물을 대상자의 의사에 반하여 성적 욕망 또는 수치심을 유발할 수 있는 형태로 편집·합성 또는 가공하기만 하면 (반포등의 목적이 없더라도) 처벌하도록 하였으며, 허위 영상물을 편집·반포하는 행위와 불법 촬영물을 반포하는 행위의 법정형이 같도록 상향 조정하였다. 또한 허위 영상물 등을 소지·구입·저장 또는 시청한 자에 대하여도 3년 이하의 징역 또는 3천만 원 이하의 벌금에 처하도록 처벌 규정을 신설하였다. 사람의 영상물 등을 성적 욕망 또는 수치심을 유발할 수 있는 형태로 편집하거나 가공하는 행위는 어떠한 목적을 막론하고 규제가 필요하다는 점과 그 편집물이 반포되었을 때 대상자가 입게 될 피해가 매우 크다는 점이 반영된 것으로 풀이된다.

딥페이크 범죄 현황에서 주목할 만한 점은 10대 피의자가 70%에 이를 정도로 높은 비중을 차지하고 있다는 점이다. 범죄임을 알면서도 호기심에, 잡히지 않을 거라는 생각에 영상물을 제작하고 이를 반포하는 일이 10대들 사이에서 벌어지고 있다.[01] 학교에서 필수적으로 예방 교육을 시행하여야 하는 이유가 여기에 있다.

사안 속 K 교사는 경찰로부터 연락을 받아 자신의 피해를 알게 되었다. 경찰에 따르면 태오는 합성한 K 교사의 사진을 다른 용도로 사용하지는 않았다고 한다. 그러나 앞서 설명한 바와 같이 K 교사의 촬영물을 K 교사의 의사에 반하여 성적 욕망 또는 수치심을 유발할 수 있는 형태로 합성한 이상, 태오의 행위는 성폭력처벌법 제14조의2 제1항 위반에 해당한다. 아울러 태오가 영상물을 DM 방에 공유한 것을 반포등으로 볼 경우 제14조의2 제2항 위반에 해당할 수도 있다.

K 교사는 형사 절차의 진행과 더불어 교원지위법에 따른 교육활동 침해 신고를 할 수 있다. 이 경우 태오의 행위는 교원지위법 제19조 제1호 나목(「성폭력범죄의 처벌 등에 관한 특례법」 제2조 제1항에 따른 성

---

01 국가범죄수사본부는 2024년 8월 28일부터 2025년 3월 31일까지 딥페이크 범죄를 집중단속한 결과 963명을 검거하고 59명을 구속했다고 17일 밝혔다. 집중단속 결과, 연령별로는 10대 669명(촉법소년 72), 20대 228명, 30대 51명, 40대 11명, 50대 이상 4명을 검거해 10대·20대가 전체 검거인원 중 93.1%를 차지했다. [출처] 대한민국 정책브리핑(www.korea.kr)

폭력범죄행위)에 따른 교육활동 침해행위로 분류될 것이다. 현시점에 경찰 수사가 마무리된 것이라면 심의를 열어 조치를 결정할 수 있을 것이나, 수사가 아직 진행 중인 상태라던 수사의 결과를 기다려 보아야 할 수도 있다. 수사의 결과 태오의 추가적인 범행이 발각될 경우, 교육활동 침해행위의 조치결정도 달라질 수 있기 때문이다.

학교폭력예방법과 마찬가지로 교원지위법에서도 성폭력 범죄행위에 대하여는 다른 사안들에 비하여 더운 심각하고 중대한 문제로 다루고 있다. 특히 딥페이크 영상물의 경우 피해자에게 상당한 성적 수치심을 주는 것은 물론, 인터넷 등 정보 통신 매체의 발달로 해당 영상물이 언제라도 추가 반포될 가능성이 있다는 점에서 그 폐해가 크므로 엄중히 다룰 수밖에 없다. 10대 딥페이크 피의자가 70%에 육박하는 현실 속에서 예방 교육이 얼마나 중요한지는 아무리 강조해도 지나치지 않을 것이다.

교육적으로 해결하기

최근 AI 딥페이크 앱의 접근성이 높아지면서 중고등학생들이 장난 삼아 이미지를 합성하는 사례가 크게 늘고 있다. 각종 성범죄에 딥페이크가 사용되면서 딥페이크 기술은 더욱 정교해졌고 딥페이크 앱의 보급 확대에 따라 이젠 일반인도 마음만 먹으면 누구나 AI 딥페이크 이미지를 만들 수 있게 되었다. 특히 중고등학생들이 연예인, 친구, 교사의 얼굴을 성적 이미지에 합성하는 사례가 지속적으로 발생하고 있다. 2025년 여성가족부와 한국청소년정책연구원NYPI이 공동으로 주최한 「2025년 제2차 청소년정책포럼」에서 발표한 청소년 디지털 시민성 실태 조사 결과에 따르면 청소년의 70% 이상이 딥페이크를 이용한 성희롱 이미지가 심각한 범죄라는 인식을 갖고 있지만, 실제로 친구가 이런 행동을 해도 적극 제지하지 못한다는 응답도 40% 이상이었다. 즉 학생 대부분이 딥페이크가 범죄라는 사실은 알고 있지만, 이에 대한 심각성은 체감하지 못하고 있는 것이다. 심지어 딥페이크를 단순하게 밈meme의 연장선으로 인식하고 호기심을 갖는 학생들도 적지 않다. 단순하게 장난으로 합성을 하거나 인스타그램 릴스 등에 재미 삼아 딥페이크를 활용하는 것 정도는 괜찮다고 생각하는 것이다. 2024년 교육부가 디지털 성범죄 예방 교육 종합 대책을 발표하고 초·중·고에 AI 딥페이크 위험성 교육을 필수화하였으나, 딥페이크에 대한 학생들의 경각심은 여전히 부족하다.

이 사안 역시 태오의 행동은 매우 심각한 교육활동 침해이고 범죄 행위이지만, 정작 태오는 이에 대한 심각성을 인지하지 못하고 있으며 단순히 장난으로 한 번 해 본 것뿐이라고 생각했다. 따라서 이 사안은 교육활동 침해 신고와 교육적 접근이 반드시 병행되어야 한다고 보인다. 교권보호위원회의 조치 결과와 상관없이 앞으로 다시 유사한 일이 발생하지 않도록 교육활동 보호, 디지털 시민성 교육이 꼭 필요하다. 이와 더불어 K 교사에 대한 진정성 있는 사과도 이루어져야 할 것이다.

태오에 대한 교육은 K 교사가 아닌 다른 교사가 진행하는 것이 바람직하며, 태오가 이 일의 심각성을 엄중하게 깨닫고 반성할 수 있도록 세심하게 접근해야 한다. 다만 경찰 조사 과정에서 태오가 불안감과 심리적 위축감을 느꼈을 수 있으므로 일방적인 훈계를 하거나 다그치지 않고 태오가 느끼는 감정을 비판 없이 수용해 주는 게 좋겠다. 만약 태오가 아무 말도 하지 않고 있다면 침묵을 기다려 주는 것도 태오의 정서적 안전에 중요하다. 태오가 진정성 있는 사과를 하려면 먼저 태오의 감정과 그 감정 뒤에 있는 욕구를 함께 찾아주고 이를 요약해 주는 작업도 필요하다. 이러한 작업을 통해 태오가 진정성 있는 사과를 한다면 피해 교원의 심리적 회복과 태오의 변화 및 성장에도 도움이 될 것이고, 더 나아가 교육활동 침해 예방에 대한 의미 있는 사례가 될 것이다.

* 예시
- 네가 K 선생님의 사진을 합성한 걸 봤을 때 선생님은 놀라고 당황했어.
- 그 일이 어떻게 시작되었는지 처음부터 이야기해 줄 수 있을까?
- 그 사진을 만들면서 혹시 '재미있다', '사람들이 웃겠지?'라는 생각이 들었을까?
- 지금 이 상황을 이야기하면서 드는 감정은 뭘까? 불안? 후회? 혼란스러움?
- 태오 생각에 K 선생님 입장에서는 이 상황이 어떻게 느껴지셨을까?
- 만약 지금 네가 그 행동을 되돌릴 수 있다면, 어떻게 하고 싶어?
- 태오가 어떤 의도로 그런 행동을 했든, 우리가 지금 같이 정리해 보고 얘기해 보는 게 중요하다고 생각해.
- 너의 행동이 K 선생님께 어떤 영향을 주었을 거라고 생각해?

태오의 행위는 심각한 교육활동 침해임이 분명하지만, 단순히 위원회의 심의를 통한 처벌만 하는 것에 그치는 게 아니라 상담, 디지털 윤리 교육 등 교육적 대응을 병행하는 것이 학생의 진정한 자기 성찰과 행동 변화, 그리고 재발 방지 효과를 가져올 수 있을 것이다.

[생각의 톱새]
예방이 보호입니다
신서희

　AI 기술이 급속도로 발전하고 딥페이크 범죄가 학교 안으로 깊숙이 들어오면서 딥페이크는 단순한 장난을 넘어 교육활동 침해행위와 학교폭력 가해행위의 수단으로 그 심각성이 빠르게 높아지고 있다. 각종 딥페이크 앱이 다양해지면서 이젠 누구나 어렵지 않게 딥페이크 제작에 접근할 수 있게 되었다. 심지어 딥페이크에 대해서 잘 몰랐던 학생들도 인터넷에서 기사화되는 사례가 많아지면서 호기심을 갖게 되는 역효과까지 가져오고 있다. 실제로 2024년 딥페이크 성범죄 피해 건수는 전년 대비 3배 이상 증가하였으며 이 중 93.1%가 10~20대에서 발생했다.[02] 문제는 딥페이크가 단순한 이미지 합성에 그치지 않고 딥페이크로 인한 사이버 괴롭힘, 성희롱 등으로 확대되고 있으며 이로 인한 학교폭력 발생 건수도 급증하고 있다는 사실이다. 딥페이크의 피해 대상은 교사도 예외가 아니어서 교사의 사진을 합성하여 유포하는 사례도 늘어나는 추세이다.
　청소년 딥페이크 범죄는 학교폭력 및 교육활동 침해의 매우 심각한 형태로, 이를 예방하기 위한 시스템 구축이 시급해 보인다. 이는 딥페

---

[02] 박광주 기자, "청소년 삶 파괴하는 딥페이크 범죄", <EBS 뉴스>, 2025.4.10.

이크 피해학생과 피해 교원을 보호하기 위한 가장 중요한 해결책이 기도 하다. 빠르게 늘고 있는 딥페이크 범죄를 예방하기 위해서는 관련 정책 수립은 물론이고 법 제도 개선, 학교에서의 예방 교육, 전문 상담, 가정에서의 교육 등 다층적인 접근이 필요하다. 모든 학교폭력, 교육활동 침해 사안이 다 그렇겠지만, 특히 딥페이크는 피해자 보호가 가장 중요하다는 생각이다. 딥페이크 이미지 유포로 인한 2차 가해, 성범죄, 협박 등이 이어질 가능성이 높기 때문이다. 그러므로 먼저 딥페이크 관련 법 제도를 강화하고, 딥페이크 범죄 신고 체계를 구축하며 경찰의 협조를 받아 신고 즉시 삭제까지 일괄 지원할 수 있는 제도적 시스템을 마련하면 좋겠다.

사실 대다수의 교사가 언론이나 인터넷상의 여러 정보를 통해 딥페이크의 위험성에 대해서는 막연하게나마 인지하고 있으나, 여러 시급한 일에 밀려 딥페이크 범죄 예방 교육을 제대로 시행하지 못하는 경우가 많다. 하지만 딥페이크 범죄는 조용히 스며드는 연기처럼 이미 학교 곳곳에 만연하고, 이것이 앞으로 학교에 미치게 될 영향력이 어느 정도일지는 짐작조차 하기 어렵다. 그러므로 더 늦기 전에 미디어 리터러시를 강화하고 각 연령대에 맞는 체계적인 맞춤 교육, 그리고 부모 대상 교육 프로그램 등을 기획 운영하기를 권한다. 무엇보다 가해학생에 대한 처벌 강화가 해결책이라는 징벌적 사고로는 딥페이크 범죄 확대를 막을 수 없으며 교육을 통한 예방에 집중하는 것이 가장 중요하고 시급한 과제라는 생각이다.

먼저 학교 차원에서는 예방 캠페인이나 워크숍 등을 통해 학교 내 딥페이크 예방 문화를 조성하는 것이 필요하다. 교사를 대상으로는 딥페이크 관련 제도나 법률에 대한 이해, 딥페이크 범죄 인지 시 신고 체계 파악 등에 대한 교육이 시급하다. 학부모를 대상으로는 딥페이크의 위험성에 대한 안내, 가정 내 미디어 지도법, 초기 징후 발견 시의 개입 방법, 피해 발생 시의 법적·심리적 지원 절차 등에 대한 교육이 필요할 것이다. 마지막으로 학생을 대상으로는 체험형 디지털 리터러시 교육, 위험 상황에 대한 대처 방법 안내, 학생 주도의 딥페이크 예방 캠페인 전개 등을 추천한다. 모든 예방 교육은 일방향 강의보다는 참여형, 실습형으로 진행하는 게 더욱 효과적일 것이다.

딥페이크 범죄는 발생 이후의 회복이 매우 어려운 게 사실이다. 일단 한 번 유포되면 완벽한 삭제나 회수가 사실상 불가능하기 때문에 피해자는 2차, 3차 피해와 장기적인 트라우마를 겪을 수밖에 없다. 게다가 현재 기술로는 딥페이크를 완벽하게 탐지하는 것조차 어렵다. 그러므로 발생 후의 피해자 보호보다 더 중요한 것이 바로 예방을 통해 발생 자체를 막는 것이다. 학교에서 일어나는 딥페이크 대부분은 장난이나 따돌림 등의 목적으로 시작되기 때문에 가해학생들이 심각성을 제대로 인식하지 못하는 경우가 많다. 결국 예방 교육을 통해 디지털 시민 의식, 법적 책임 의식을 강화하고 자발적 자제와 신고 문화를 촉진하여 교사나 주변 학생들이 사전에 위험을 인지하고 빠르게 대응하는 것이 가장 중요할 것이다.

디지털 리터러시를 포함한 예방 교육은 위험을 인지하고 조기에 대응하며, 피해자의 심리적 안전까지 지킬 수 있는 가장 강력한 보호 수단이라고 믿는다. 공동체 전체가 함께 만드는 디지털 리터러시의 문화 형성이야말로 오늘의 학교에게 주어진 중요하고도 어려운 과제다.

5. 제가 죽으면 선생님 때문이에요

[협박/고등학생]

"선생님, 시간 있으세요? 저 선생님이랑 상담하고 싶어서요."

고개를 돌려보니 또 윤서였다. J 교사는 한숨이 먼저 나왔다. 며칠 조용하다 싶었는데, 다시 시작된 걸까 싶었다. 윤서가 J 교사를 찾아오기 시작한 건 3개월 전쯤부터였다. 윤서는 담임 반 학생은 아니었지만, 수업 시간에 유독 잘 따르는 편이었다. 수업이 끝나면 도와주겠다면서 종종 노트북이나 책 등을 나눠 들고 교무실까지 따라오곤 했다. 고마운 마음에 교무실 책상 위에 있던 간식거리를 손에 쥐어 주면 책상 옆 보조 의자에 앉아 조잘조잘 이야기도 곧잘 했다.

그렇게 윤서와 친해지던 어느 날, 윤서가 J 교사에게 상담을 요청했다. J 교사는 흔쾌히 응했고 방과 후에 가벼운 마음으로 상담실에서 윤서와 마주 앉았다. 가벼운 일상 이야기를 하던 중에 윤서가 갑자기

울음을 터뜨렸다. J 교사는 느닷없는 분위기 전환에 당황했지만, 짐짓 아무렇지도 않은 척 윤서에게 우는 이유를 물었다. 그러자 윤서는 요즘 너무 우울하고, 엄마와 사이도 좋지 않고, 마음 알아주는 친구도 없고, 그냥 이대로 죽어 버리고 싶단다. J 교사는 놀라서 윤서를 다독이고 위로해 주었다. 그렇게 친언니처럼, 엄마처럼 두 시간 가까이 이야기를 들어 주고 나니 윤서는 한결 좋아졌고 표정도 밝아졌다. 윤서에게 앞으로도 힘들면 언제든지 찾아오라고, 윤서 옆에는 늘 선생님이 있을 거라고 토닥여 준 뒤 윤서를 보냈다. 늦은 밤, 집으로 돌아가는 J 교사의 발걸음은 가벼웠다. 비록 긴 시간 동안 집중해서 이야기를 들어 주느라 에너지를 많이 썼고 퇴근도 늦어졌지만, 뭔가 교사로서의 사명감을 제대로 실천한 것 같아서 뿌듯했다.

하지만 그 뿌듯함은 그리 오래 가지 않았다. 다음 날부터 윤서는 하루가 멀다 하고 J 교사를 찾아와 상담을 요청했다. 그리고는 매번 죽고 싶다고 울었고, J 교사가 마음을 다해 토닥여 주면 표정이 밝아져서 돌아가곤 했다. 퇴근 후에도 메시지를 보내거나 전화를 해서 상담을 요청하기 일쑤였다. 에피소드는 조금씩 달랐지만, 결론은 늘 똑같았다.

J 교사는 조금씩 지쳐갔다. 특히 지필 평가 출제 기간에는 매번 두세 시간씩 윤서와 이야기를 나눌 만큼의 시간 여유가 없었다. 윤서의 상담 요청에 거절하는 횟수가 조금씩 늘어나면서 윤서의 집요함도 조금씩 커졌다.

"왜 선생님은 계속 시간이 안 된다고 하시는 거예요? 저를 일부러 피하시는 거죠? 이제 제가 하는 얘기를 듣기 싫으신 거죠? 제가 싫으시면 그냥 싫다고 하시면 되잖아요. 어차피 저는 원래 혼자였으니까 제가 감당해야죠. 저 하나쯤 세상에서 없어진다고 해도 아무도 모를 거예요."

그러면 J 교사는 하는 수 없이 시간을 쪼개서 윤서의 이야기를 조금이나마 들어 주곤 했다. 그런데 어제는 도저히 그럴 여유가 없었다. 아니, 어쩌면 그러고 싶지 않았을지도 모르겠다. 거의 매일 찾아와서 졸라 대고 울먹거리고 짜증까지 내는 윤서에게 따끔하게 말해 주고 싶었을 수도 있다.

"윤서야, 선생님이 그만큼 네 얘기 계속 들어 줬으면 이젠 좀 알아서 해야 하는 거 아니야? 선생님 바쁜 거 안 보이니? 꼭 상담이 필요하면 위클래스 상담 선생님 연결해 줄게. 이제 그만 오면 좋겠다."

너무 심하게 말했나 싶긴 했지만, 언젠가는 이렇게 분명하게 말해 줄 필요가 있었다는 생각이 들었다.

그날 밤, 잠자리에 들려고 할 때 갑자기 카톡이 울렸다. 윤서였다.

"선생님, 저 지금 죽으러 가요. 선생님 때문에 이런 마음 갖게 된 거라고요. 그러니까 제가 죽으면 선생님 때문인 줄 아세요."

J 교사가 놀라서 윤서에게 전화를 했지만, 윤서는 전화를 받지 않았다. 걱정스러운 마음에 거의 뜬눈으로 밤을 새우고는, 다음 날 출근하자마자 윤서네 반으로 달려갔다.

"샘, 굿모닝이에요!"

윤서가 아무 일도 없었다는 듯이 환하게 웃으면서 J 교사에게 손을 흔들었다. J 교사는 화가 머리끝까지 치밀었다. 이젠 더 이상 참을 수가 없었다. 윤서가 더 심각한 행동을 하기 전에 교육활동 침해로 신고해야겠다고 결심했다.

법으로 해결하기

J 교사는 교육활동 침해 신고를 결심하였다. 윤서의 잦은 상담 요청도 힘들었겠지만, 윤서가 보낸 카톡이 결정적이었을 것이다. 윤서는 집에 있는 J 교사에게 카톡을 보내어 자신이 스스로 목숨을 끊을 것이라면서 그 책임을 J 교사에게 돌리는 듯한 메시지를 보냈다. 이같은 윤서의 행동이 교육활동 침해행위에 해당하는지에 관하여 살핀다.

교육활동 침해행위는 명확한 대상이 존재한다. 바로 '교육활동 중인 교원'이 그것이다. 따라서 학생이 교원지위법 제19조 내지 교육부 고시 제2조에 정한 행위를 하였다 하더라도 교육활동 중인 교원에게 한 것이 아니라면 교육활동 침해행위가 아니다. 그렇다면 '교육활동 중'이라는 것은 어떠한 상태를 의미하는 것일까. 기본적으로는 학교의 안팎에서 학교장의 관리 감독하에 행하여지는 수업, 특별 활동, 재량 활동, 수학여행 등 현장체험 활동을 포함하는 모든 활동을 의미하는 것으로 본다. 또 통상적인 근무 시간에 행하는 생활지도 역시 교원의 교육활동 중으로 볼 수 있고, 나아가 통상의 근무 시간이 아닌 출근 시간 전 또는 퇴근 시간 후 학생 또는 보호자의 상황이나 요청에 의해 진행되는 학생 상담 역시 포함하는 것으로 보아야 한다(2025 경기형 교육활동 보호 길라잡이 참고).

J 교사는 퇴근 후 잠자리에 들기 전 윤서로부터 메시지를 받았다. 교육활동 중에 해당하는지 여부는 지역교권보호위원회에서 교육활동 침해행위의 유형, 행위가 발생한 경위, 상황 등을 고려하여 개별적·구체적으로 판단하여야 한다. 이 사안에서 윤서와 J 교사는 이미 여러 차례 상담을 진행할 정도로 가까워진 상태였고, 윤서는 자주 J 교사에게 퇴근 후에도 상담을 요청하거나 메시지를 보내어 고민을 토로한 사실이 있었다. 따라서 평소 이들의 관계와 상황을 종합해 볼 때, 윤서로부터 자살을 암시하는 메시지를 받을 당시 J 교사는 '교육활동 중인 교원'에 해당하는 것으로 해석하는 것이 적절하다.

그렇다면 윤서의 행위는 교육활동 침해행위의 어떤 유형에 해당할까. 우선 형법상 협박에 해당하는지부터 판단해야 한다. 협박이란 상대방에게 공포심을 일으킬 정도로 구체적인 해악을 고지하는 행위를 의미한다. 일반적으로는 상대방이나 그와 친밀한 관계에 있는 사람에 대한 해악을 고지할 때 성립하나, 경우에 따라 화자(話者)가 스스로에게 해를 입힐 것을 예고하면서 그 요구를 들어주지 않으면 상대방에게 해악을 가할 듯한 위세를 드러낼 때에도 협박의 성립을 인정한다(대법원 2006. 6. 15. 선고 2006도2311 판결 등).

「형법」 제283조(협박, 존속협박)
① 사람을 협박한 자는 3년 이하의 징역, 500만원 이하의 벌금, 구류 또는 과료에 처한다.

그러므로 윤서가 '자신이 죽으면 선생님의 탓'이라는 메시지를 보낸 사실만으로는 형법상의 협박을 인정하기는 어려워 보인다. 다만, 윤서가 J 교사에게 공포심이나 불안감을 유발할 수 있는 메시지를 반복적으로 보낸 경우에는 상황이 달라질 수 있다. 이 경우에는 「정보통신망 이용촉진 및 정보보호 등에 관한 법률」(아래에서는 간략히 '정보통신망법'이라고 한다)에 위반으로 판단될 여지가 있다. 정보통신망법은 정보통신망을 이용하여 반복적으로 상대방에게 불안감을 조성하는 행위를 범죄로 규정하고 있다. 이때 각 행위는 서로 밀접한 관련이 있어서 전체적으로 상대방의 불안감을 조성하기 위한 일련의 반복적인 행위로 평가될 수 있어야 한다(대법원 2023. 9. 14. 선고 2023도5814 판결). 따라서 윤서가 반복적으로 메시지를 보내 J 교사에게 불안감을 조성하였다면 정보통신망법 위반 혐의를 고려해 볼 수 있을 것이다.

「정보통신망 이용촉진 및 정보보호 등에 관한 법률」

제74조(벌칙)

① 다음 각 호의 어느 하나에 해당하는 자는 1년 이하의 징역 또는 1천만원 이하의 벌금에 처한다.

3. 제44조의7 제1항 제3호를 위반하여 공포심이나 불안감을 유발하는 부호·문언·음향·화상 또는 영상을 반복적으로 상대방에게 도달하게 한 자

제44조의7(불법정보의 유통금지 등)

① 누구든지 정보통신망을 통하여 다음 각 호의 어느 하나에 해당하는 정보를 유통하여서는 아니 된다.

3. 공포심이나 불안감을 유발하는 부호·문언·음향·화상 또는 영상을 반복적으로 상대방에게 도달하도록 하는 내용의 정보

교육적으로 해결하기

사실 교사에게는 거칠게 반항하고 교사의 지도에 불응하는 학생도 힘들지만, 그에 못지않게 힘든 학생이 바로 윤서처럼 심리적 의존도가 높은 학생이다. 특히 교사로서의 사명감이나 책임감, 아이들에 대한 애정이 높은 교사일수록 윤서는 부담스러운 학생일 것이다. 윤서에게 마음을 쓰고 어떻게든 도와주려는 J 교사의 진심이 오히려 J 교사의 정서적 안정을 위협하는 결과를 가져왔기에 J 교사의 정신적 충격과 분노는 당연한 반응이다. 늦은 밤에 선생님 때문에 지금 죽으러 간다는 윤서의 말은 J 교사에게 큰 심리적 위협으로 다가왔을 것이다. 그러므로 현재 가장 시급한 것은 J 교사의 심리적 안정이다. 교육활동 침해 신고 여부와 관계없이 즉시 학교 관리자에게 이 상황을 공유하고 필요하다면 윤서를 대상으로 위기관리위원회 개최도 고려해 볼 수 있다. 무엇보다 J 교사 혼자 책임지지 않도록 학교 관리자, 전문상담교사, 학부모 등과 협력하여 함께 윤서에 대해 고민하고 대응하는 게 좋겠다. 또한 J 교사 역시 교육청의 교권보호지원센터나 심리 상담 센터 등을 통해 즉시 상담 지원을 받기를 권한다. 감정적인 손상을 입지 않도록 자기 돌봄 전략을 세워야 할 것이다.

문제는 윤서에 대한 교육적 대응이다. 윤서처럼 특정 교사에게 높은 심리적 의존을 보이는 학생은 대응하기가 결코 쉽지 않다. 교사에게 과도하게 의지하고 교사를 유일한 지지자로 삼는 경향을 보이기 때문이다. 이러한 경향성을 나타내는 것에는 불안정 애착, 정체성 혼란, 정서적 결핍, 우울 등 여러 원인이 있을 것이다. 원인에 따라 약간의 차이는 있겠으나 일반적으로 이런 학생은 교사를 애착의 대상이나 안전 기지로 삼아 '의존'이라는 방식으로 불안을 해소하고 자신을 방어하게 된다. 만약 교사가 조금이라도 거절의 뜻을 표현하면 과민하게 반응하고 이 사례처럼 위협적인 방식으로 애정을 요구할 수도 있다. 교사는 이런 학생과의 관계에서 죄책감을 느낄 수 있고 '이 아이는 나 없으면 안 될 것 같다'라는 책임감에 휘말리기도 쉽다. 결국 이는 교사의 정서적 소진을 가져올 수 있으므로 분명한 역할 경계 설정이 꼭 필요하다.

물론 J 교사가 윤서를 교육활동 침해로 신고할 수도 있겠으나, 만약 윤서를 신고하게 되면 실제 침해 여부와 관계없이 윤서를 감정적으로 자극하는 결과를 가져올 수도 있다. 물론 정도의 차이는 있겠지만, 아주 심각한 상황이 아니라면 신고부터 하기보다는 교육적 대응을 먼저 시도할 것을 권한다. 이때 관계에 대한 분명한 경계 설정, 학생의 정서 표현 방법에 대한 훈련, 자신의 행동에 대한 책임 인식 교육 등이 포함되면 좋겠다.

(1) 관계 재설정: 건강한 거리감 형성

- 윤서야, 선생님도 네가 힘들 때마다 힘이 되어 주고 싶어. 그런데, 선생님도 지치고 힘들 때가 있기 때문에 모든 시간을 함께해 주는 건 어려

워. 지금부터는 너를 도울 수 있는 다른 방법을 찾아보자.
- 윤서랑 상담하는 시간은 선생님한테도 충분히 의미가 있어. 하지만, 우리는 각자의 역할과 한계가 있어. 지금부터는 위클래스 상담 선생님과도 이야기를 나누면 더 많은 도움이 될 거야.
- 선생님도 윤서를 잘 이해하고 공감해 주고 싶지만, 이렇게 계속 대화가 반복되면 우리 둘 다 힘들어질 수 있어. 이제는 윤서 스스로 감정을 조절할 수 있는 방법을 함께 찾아보면 어떨까?

(2) 정서 표현 방법에 대한 훈련

- 윤서가 죽고 싶다고 느낄 만큼 힘든 마음이 있다면 말해 줘도 돼. 하지만, 그런 감정이 생길 때 다른 방식으로 표현할 수 있으면 좋겠어.
- 부정적인 생각이 들 때마다 선생님을 찾기보다는 우리 시간을 정해 놓고 이야기를 나눠 보면 어떨까? 그래야 우리가 더 안전하게 대화할 수 있어.
- 도움이 필요하면 당연히 도움을 요청할 수 있어. 하지만 그게 상대방을 위협하는 방식이면 안 돼.

(3) 행동에 대한 책임 인식 교육

- 윤서가 그런 메시지 보냈을 때 선생님이 정말 많이 놀라고 걱정이 되었어. 그런 말은 상대방의 마음에 큰 상처를 줄 수 있어. 앞으로는 너의 감정을 표현할 때 상대방에게 상처 주지 않는 방식으로 표현하는 법을

배우면 좋겠다.
- 너의 말 한마디가 누군가에게는 큰 상처가 될 수 있어. 이제는 너의 감정도 돌보고 상대방의 마음도 배려하는 방법을 배우자.
- 앞으로 죽을 거라는 표현보다는 '마음이 너무 힘들다'라고 표현하는 게 도움이 될 거야.
- 선생님 혼자서 널 도울 수는 없어. 부모님이나 상담 선생님, 그리고 윤서 너 자신이 함께 힘을 모아야 해.

6. 때리면 맞을 수밖에 없습니다

[상해·폭행/초등학생, 특수]

S 교사는 3월 개학이 두려웠다. 올해는 도리 없이 동하를 맡아야 했기 때문이었다. 작년에 동하를 담임했던 B 교사도 결국 내신을 내고 다른 학교로 옮겨 갔다. 벌써 세 명째였다. S 교사도 올해 동하 담임을 맡아야 한다는 걸 알고는 학교를 옮겨야 할지 심각하게 고민이 되었다. 하지만 아무리 동하가 힘든 학생이라 해도 학생 때문에 학교까지 옮기고 싶진 않았다. 특수 교사를 그만두지 않는 한, 동하 같은 학생은 언제든지 만날 수 있을 테니 말이다. 어쩌면 다른 교사들은 다 동하를 포기하고 떠났지만, 나는 할 수 있을 거라는 자신감과 도전 의식이 있었는지도 모르겠다.

하지만 그게 얼마나 순진한 생각이었는지 깨닫기까지는 두 달이 채 걸리지 않았다. 그나마 3월에는 동하도 큰 말썽을 피우지 않고 S 교사를 잘 따랐다. S 교사 역시 자신을 잘 따르는 동하가 기특하기도 하고 또 큰 사고 없이 3월을 보냈다는 사실이 내심 뿌듯하기도 했다. 물론 동하는 가끔 화를 참지 못해 책상을 두드리거나 소리를 지르긴 했지만, S 교사가 동하의 손을 잡고 눈을 맞추면서 차분하게 타이르면 금세 분노가 가라앉곤 했다.

4월 2일, S 교사는 여느 때처럼 수업을 하기 위해 교실로 들어섰다. 무슨 일인지 동하는 이미 머리끝까지 화가 나서 소리를 지르며 책상을 마구 두드리고 있었다. 급기야 책상 위에 있던 노트, 필통, 교과서 등을 닥치는 대로 집어던지기 시작했다. S 교사는 여느 때처럼 동하에게 달려가 손을 잡고 안정시키려고 심호흡을 유도했다. 하지만 동하는 멈추지 않았다. 아니, 멈추기는커녕 점점 더 공격성을 나타내기 시작했다. 초등학생이긴 해도 키가 제법 크고 덩치가 큰 편에 속하는 터라 S 교사 혼자 막기는 역부족이었다.

"지나야, 얼른 가서 4반 담임 선생님 모셔 와!"

옆에 있던 지나에게 남자인 4반 선생님을 모셔 오라고 도움을 요청하고는 동하를 타이르기 시작했다.

"동하야, 선생님하고 심호흡 한번 해 볼까? 동하가 왜 화가 났을까요? 선생님이 동하 도와줄게. 자, 선생님 눈 쳐다보면서 숨 한 번 크게 내쉬어 보자."

그때였다. 갑자기 동하가 S 교사에게 달려들어 교사의 머리채를 움켜쥐었다. S 교사는 비명을 지르며 동하에게 손을 놓으라고 말했으나, 동하는 멈추기는커녕 다른 손으로 S 교사의 셔츠까지 잡아당겼다. S 교사는 어떻게든 동하에게서 벗어나기 위해 애를 썼지만, 동하는 생각했던 것보다도 훨씬 더 힘이 셌다. 급기야 S 교사의 셔츠가 찢어지고 동하의 손톱에 긁혀 쇄골 부위에 피가 몽글몽글 맺히기 시작했다. 머리채를 잡힌 채 셔츠가 찢어지고 쇄골 부위를 긁혀 피까지 맺히니 S 교사는 제대로 숨을 쉬는 것조차 힘들었다.

"동하야, 이거 놔. 그만하라고!"

도저히 더 이상은 참을 수 없다고 생각할 즈음, 다행히 4반 담임 교사가 도착해서 동하를 떼어놓았다. 하지만, 그게 끝이 아니었다. S 교사가 가까스로 엉킨 머리카락과 찢어진 옷을 추스르고 있는데, 4반 교사가 잠시 방심한 사이에 동하가 다시 S 교사에게 달려와서 이번에는 S 교사의 팔뚝을 물었다. S 교사는 외마디 비명과 함께 동하를 힘껏 밀어냈다. 동하는 놀라서 뒤로 물러나더니 갑자기 큰 소리로 울음을 터뜨렸다. 이미 복도에는 아이들이 몰려와서 창문에 매달려 이 광경을 쳐다보고 있었다. S 교사는 더는 참을 수 없었다. 특수 교사라고 해도 이렇게 아이들이 때리면 무조건 맞을 수밖에 없다는 건 옳지 않다는 생각이 들었다. 상해·폭행은 전학 사유까지 될 수도 있는 건데, 아무리 동하가 인지 수준이 떨어지는 중증 장애 아동이라고 해도 이대로 넘어갈 순 없었다. 어떤 조치가 나오든 일단은 동하에게 강력한 경고가 필요할 것이다.

법으로 해결하기

장애 학생인 동하가 S 교사의 머리채를 쥐고 셔츠를 잡아당겨 셔츠가 찢어졌다. 쇄골을 손톱으로 긁혀 피가 맺혔다. 가까스로 마무리되나 하던 찰나에 동하는 다시금 S 교사의 팔뚝을 물었다.

동하의 행위는 형법상 폭행 또는 상해에 해당한다. 폭행이란 사람의 신체에 대한 물리적 유형력 행사를 의미한다. 유형력의 행사는 반드시 피해자의 신체에 접촉할 필요는 없으며, 피해자에게 가까이 접근하여 욕설을 하면서 손발이나 물건을 휘두르거나 던지는 행위도 해당된다. 즉, 직접 접촉이 없더라도 폭행으로 인정될 수 있다.

반면 상해는 피해자의 신체의 완전성을 훼손하거나 생리적 기능에 장애를 초래하는 것을 의미한다. 여기서 생리적 기능 장애는 반드시 외부에 보이는 상처가 있어야 하는 것은 아니며, 육체적·정신적 기능의 장애도 포함된다. 대법원은 "치료가 필요 없는 극히 경미한 상처는 일상생활에서 흔히 발생할 수 있어 인체의 완전성을 훼손한 것으로 보기는 어렵다."라며, 약 1주간의 치료가 필요한 동전 크기의 멍은 상해에 해당하지 않는다고 판단하였다(대법원 1999. 1. 26. 선고 98도3732 판결).

따라서 S 교사가 동하의 행위를 상해에 의한 교육활동 침해행위라고 주장하려면(교원지위법 제19조 제1호 가목) 신체의 완전성이 훼손되었음을 입증하여야 한다. S 교사는 상해 진단서와 병원 진료 기록

등 객관적인 증거를 사전에 제출하여 자신의 주장을 뒷받침하여야 할 것이다.

「형법」

제260조(폭행, 존속폭행)
① 사람의 신체에 대하여 폭행을 가한 자는 2년 이하의 징역, 500만원 이하의 벌금, 구류 또는 과료에 처한다.

제257조(상해, 존속상해)
① 사람의 신체를 상해한 자는 7년 이하의 징역, 10년 이하의 자격 정지 또는 1천만원 이하의 벌금에 처한다.

S 교사가 교육활동 침해 신고를 하여 지역교권보호위원회의 심의가 열리면, 위원회는 교육활동 침해행위의 심각성, 지속성, 고의성, 침해학생 반성 정도 및 선도 가능성, 학생과 교원의 관계 회복 정도의 각 요소별 조치 점수를 산정하고 조치를 결정한다. 다만, 동하의 경우 장애 학생이므로 교원지위법에 따라 추가적인 판단 요소가 적용될 수 있다. 교원지위법은 교육활동 보호 및 조치의 실현 가능성을 고려하여, 장애가 있는 침해학생에 대해서는 조치를 한 단계 감경할 수 있도록 규정하는 한편, 피해 교원이 임신 중이거나 장애가 있는 경우에는 한 단계 가중된 조치를 결정할 수 있도록 하고 있다. 따라서 지역교권

보호위원회는 심의 및 협의 과정을 거쳐 동하에게 점수 합산에 따른 조치보다 한 단계 감경된 조치를 결정할 수 있을 것이다.

교육적으로 해결하기

　특수 교사가 장애 학생에게 크고 작은 폭행을 당하는 건 사실 어제오늘 일이 아니다. 만약 원칙대로 교육활동 침해 신고를 한다면 매일 매일 학생을 신고해야 한다는 자조 섞인 이야기가 나올 정도다. 장애 학생의 경우에는 교권보호위원회 심의 결과, 교육활동 침해로 나온다고 해도 징계 조치를 이행하는 데 한계가 있을 수밖에 없다. 예컨대 학교에서의 봉사 조치를 받아도 장애 학생 스스로 봉사를 하는 게 거의 불가능하므로 학생이 청소 등의 봉사를 하는 걸 도와주는 교사가 또 필요하다. 사실상 학생 징계가 아니라 교사 징계인 셈이다. 학급 교체 또한 학급 수 부족 등의 이유로 현실적인 어려움이 있고, 강제 전학은 일종의 폭탄 돌리기인 셈이라 인근 학교에서 모두 꺼릴 뿐 아니라 학교별 통합반의 상황도 다 달라서 한 번의 신고로 즉시 강제 전학 조치가 나오는 것도 쉽지 않다. 일반 학교의 통합 학급에서 특수 학교로의 전학 역시 거의 불가능하다. 특수 학교는 학교별 학생 수가 정해져 있고 규정된 인원 이상을 받는 게 엄격하게 금지되어 있다. 게다가 TO가 생기면 들어가기 위해 대기하고 있는 사람도 적지 않으므로 설령 강제 전학 조치로 인한다 해도 정원 외로 특수 학교에 들어갈 수는 없다. 상황이 이러하다 보니 반복 사안이 아닌 경우, 교권보호위원회에서 장애 학생에게 내릴 수 있는 조치는 심각한 경우에도 출석 정지와 심리 치료, 특별 교육 정도가 대부분이다. 피해를 입은 교사의 기대 수준과는 큰 차이가 있을 수밖에 없다. 무엇보다 교권보호위원회의 개최 목적은 심의와 조치를 통해 학생이 자신의 잘못을 깊이 깨닫고 반성하여 이후에 행동을 개선해 가는 것인데, 장애 학생의 경우에는 조치를 받았다고 해서 행동이 개선될 가능성이 높지 않다. 상황이 이러하니 사실상 교권보호위원회를 통해 학생에 대한 단순 징계와 특수 교사에 대한 보호 조치 및 지원은 가능하지만, 특수 교사의 신체적, 정서적 안전에 대한 근본적인 보호 조치 대책이 되긴 어려운 상황이다. 결국 이 사안은 단순히 개별 학생의 문제나 교권보호위원회 심의로 해결될 수 있는 문제는 아니며, 개인의 문제를 넘어서 교육 시스템 개선, 교사에 대한 법적 보호, 근무 환경 개선, 제도적 뒷받침 등이 필요하다고 생각한다.

먼저 특수 교사는 수업뿐 아니라 행정, 위기 관리 등까지 모두 떠맡아야 하므로 업무가 매우 과중하다. 특히 이 사례와 같은 중증 장애 아동은 1:1의 지원 인력이 필요하므로 특수 학급당 교사 수 확대가 필요하다고 보인다. 또한 위기 상황 발생 시 즉각적으로 파견 지원이 가능한 행동 전문가 등의 전문 인력 풀을 확보하여 단위 학교를 지원해야 한다. 제도적 측면에서도 현재 교원지위법은 주로 일반 학생과의 관계를 전제로 하고 있어서 장애 학생에게 법 조항을 그대로 적용하기는 어렵다. 따라서 장애 학생의 상황에 맞는 교육활동 보호 조항을 보완할 필요가 있어 보인다. 이외에도 위험 행동을 지속할 경우, 보호자 교육 참여를 의무화하거나 행동중재계획을 표준화하여 모든 단위 학교에서 일관되게 적용할 수 있게 하는 등의 시스템 개선도 시급하다.

다만 이러한 부분은 제도 및 시스템 개선에 관한 영역이므로 여기에서는 실질적으로 적용할 수 있는, 교사의 안전과 정서 회복을 위한 지원 방법을 소개한다.

(1) 학교 차원의 지원

- 폭행 수준이 심각할 경우, 위기관리위원회 개최
- 교육활동 침해 신고 후, 학생 분리(최대 7일) 및 교사 특별 휴가(최대 5일, 공무상 병가 6일)
- 학교 관리자, 특수 교사, 상담교사, 외부 전문가 등으로 구성된 통합 지원팀 운영
- 관리자와 동료 교사들이 공적인 인정과 지지적 피드백 제공
- 학부모에게 즉각 통지

(2) 교육청 차원의 지원

- 피해 교원이 신고한 경우, 지역교권보호위원회 개최
- 교권보호지원센터의 피해 교원 심리 상담 연계 및 병원 치료비 지원
- 가능한 경우, 1:1 지원 인력 배치 및 인력 보강
- 학교에서 요청 시, 피해 교사를 포함한 학교 구성원에 대한 외상 후 스트레스PTSD 치료 또는 정서 회복 프로그램 즉각 지원

마지막으로 이 사안에 대해 학부모에게 통지할 때는 학부모의 협력을 끌어낼 수 있는 공감적 태도와 가정의 책무성을 정확하게 전달하는 단호한 태도의 균형이 무엇보다 중요하다. 학생의 잘못을 비난하거나 가정의 책임만을 강조하게 되면 불필요한 민원이 야기될 수 있으므로 태도의 균형을 놓치지 않도록 주의하자.

＊ 예시

- 동하의 특성을 잘 알고 있고 때로 예상하지 못한 행동이 나올 수 있음을 충분히 이해하고 있습니다. 하지만 이번 사안은 다른 사람의 신체 안전에 심각한 영향을 준 상황입니다. 가정에서도 이 행동의 의미와 결과에 대해 충분히 인식하고 협력해 주시기 바랍니다.
- S 선생님께서는 지금까지 동하의 특성을 잘 이해하고 마음을 다해 지도해 왔습니다. 하지만, 이렇게 반복적인 위기 상황은 S 선생님의 정서적, 신체적 안전에 큰 부담이 되고 있습니다. 부모님과의 긴밀한 협력 없이는 지속적인 교육이 어렵습니다.
- 저희는 앞으로도 동하가 안전하게 생활할 수 있도록 잘 지도하겠습니다. 다만 이번 같은 상황이 반복된다면 교육활동 지속이 어려울 수 있으며 동하는 물론이고 다른 학생들의 학습권에도 영향을 미칠 수 있습니다. 이에 대해서는 부모님과 학교가 공동의 책임을 가져야 한다고 생각합니다. 부모님의 적극적인 협조와 동하의 지속적인 치료 및 관리가 반드시 필요합니다.

- 이번 사안은 단순한 일시적인 행동을 넘어서 교사에게 중대한 위해가 발생한 사안이라고 생각됩니다. 부모님께서도 본 사안의 심각성을 인식하시고 적절한 전문가 치료와 지도 방안을 함께 고민해 주시기 바랍니다.
- 동하의 교육을 위해 함께 최선을 다해 주시는 부모님의 마음을 믿습니다. 하지만 이번 사안은 단순한 이해만으로는 해결할 수 없는 중대한 사안입니다. 따라서 학교는 현재 필요한 조치를 진행하고 있으며, 부모님과의 적극적이고 긴밀한 협력을 기대하고 있습니다.

[Page+]

학교 내 녹음의 적법성

김유미

학교 현장에서 자주 발생하는 분쟁 중 휴대 전화 내지 전자 장치를 이용한 녹음과 관련한 것들이 많다. 학생이 상담 중 교사의 허락 없이 녹음을 한 경우 불법 녹음에 해당하지 않는지, 학부모가 학생 편에 녹음기를 들려 보내고 녹음된 교사의 발언을 근거로 아동학대를 주장하는 경우에는 어떠한지, 수업 중 교사의 목소리를 녹음하여 SNS에 게시한 것이 교육활동 침해행위에 해당하는지 등 갖가지 사안에서 녹음 파일에 대한 질의가 등장한다. 이하 녹음과 관련한 법률을 살펴보고 판례의 태도도 검토한다.

가장 먼저 「통신비밀보호법」은 공개되지 아니한 타인 간의 대화를 녹음하거나 전자 장치 등을 이용한 청취를 금하고 있다.

「통신비밀보호법」 제14조(타인의 대화비밀 침해금지)
①누구든지 공개되지 아니한 타인 간의 대화를 녹음하거나 전자장치 또는 기계적 수단을 이용하여 청취할 수 없다.

여기에서 중요한 것은 금지하는 행위가 '공개되지 아니한 타인 간의 대화'라는 점이다. 따라서 대화를 녹음한 자가 대화의 당사자라면 상대방의 동의 여부와 관계없이 녹음은 합법적인 것이며 녹음된 파일에 대한 증거 능력(형사소송법상 증거가 될 수 있는 법률상의 자격)이 인정된다. 학생이 교사와의 대화 내용을 녹음하였다면 교사에게 녹음 사실을 숨겼다 하여도 녹음 파일은 적법한 증거가 된다. 반면 대화를 녹음한 자가 대화의 당사자가 아니라면 공개되지 아니한 타인 간의 대화를 녹음한 것에 해당하므로 그 녹음 파일은 위법하다. 만약 학생이 통신비밀보호법에 위반하여 교사와 타인의 대화를 녹음하였다면 법령에 위반한 행위이기 때문에 교사에 대한 교육활동 침해에도 해당할 수 있으므로 주의하여야 한다(교원자유법 제19조 제1호 라목).

교사의 아동학대와 관련하여 녹음 파일의 증거 능력이 문제가 된 판례들을 소개한다.

피해 아동은 초등학교 3학년이며, 피해 아동의 어머니는 교사의 아동학대를 의심하였다. 피해 아동의 어머니는 교사의 아동학대를 확인하기 위해 피해 아동의 가방에 몰래 녹음 장치를 넣어 교사의 발언을 녹취하였다. 피해 아동의 어머니는 교사를 피해 아동에 대한 정서 학대 혐의로 고소하면서 녹취된 파일을 증거로 제출하였다.

1심과 2심은 수업 시간 중 교사가 교실에서 한 발언은 통신비밀보호법 제14조 제1항의 '공개되지 아니한 타인 간의 대화'에 해당하지 않는다고 판단하였다. 초등학교 교실에서의 이루어진 대화를 공개되지 아니한 대화로 볼 수 없고, 피해 아동의 부모와 초등학교 저학년인 피해 아동이 밀접한 인적 관련성이 있다는 점을 이유로 들었다. 녹음 파일의 증거 능력을 인정한 결과 1심과 2심은 해당 교사에게 유죄 판결을 내렸다.

그러나 대법원은 원심의 판단을 뒤집어 녹음 파일의 증거 능력을 부정하였다. 초등학교 담임 교사가 교실에서 수업 시간 중 한 발언은 통상적으로 교실 내 학생들에게만 공개된 것일 뿐 일반 공중이나 불특정 다수에게 공개된 것이 아니고, 피해 아동의 부모는 대화의 당사자로 볼 수 없다는 것이다. 대법원은 원심을 파기하였고 결국 교사는 무죄를 선고받았다. 위 사건은 재상고심을 거쳐 최근 확정되었다(대법원 2025. 6. 5. 선고 2025도4144 판결).

최근 유명인의 자녀와 관련한 아동학대 형사 사건에서도 1심과 2심이 서로 다른 판단을 하여 눈길을 끌었다. 자폐성 장애를 가진 자녀의 아동학대 사실을 의심한 피해 아동의 어머니가 피해 아동의 외투에 녹음기를 넣어 등교시켰고 녹취된 파일을 교사의 아동학대에 대한 증거로 제출한 것이다.

1심은 피해 아동의 어머니가 녹음한 교사와 피해 아동의 대화를 '공개되지 아니한 타인 간의 대화'라고 전제하면서도, 당시 교실에는 장애를 가진 소수의 학생만이 있었고 CCTV도 없었다는 점, 정서적 학대 범행의 특성상 녹음을 하는 것 외에는 학대 정황을 밝혀내기 어려운 점 등을 근거로 형법상 정당 행위의 요건을 갖추었다고 보았다. 녹음 파일의 증거 능력을 인정한 결과 1심에서 해당 교사는 아동학대 유죄 판결을 받았다.

그러나 최근 2심 법원은 원칙으로 돌아와 이 사건 녹음 행위는 공개되지 아니한 타인 간의 대화를 녹음한 것으로, 제출된 녹음 파일은 통신비밀보호법에 위반하여 수집된 증거로서 증거 능력을 인정할 수 없다고 판단하였다. 결국 법원은 해당 교사에게 무죄를 선고하였다. 검찰은 이에 불복하여 상고하였으며 현재 상고심 진행 중에 있다. 이렇듯 녹음 파일의 적법성에 가장 큰 영향을 미치는 것은 녹음을 한 자가 대화의 당사자인지에 있다.

한편 교사의 목소리를 녹음하여 이를 SNS 등에 게시한 행위는 교원지위법과 교육부 고시에서 정하는 교육활동 침해행위에 해당한다. 여기에서 기억하여야 할 점은 단순히 녹음을 한 것은 교육활동 침해행위에 해당하지 않고 '교육활동 중인 교원의 음성을 녹음하여 무단 배포하는 행위'에까지 나아가야 비로소 교육활동 침해행위로 인정된다는 점이다.

> 「교원의 지위 향상 및 교육활동 보호를 위한 특별법」 제19조(교육활동 침해행위)
>
> 이 법에서 "교육활동 침해행위"란 고등학교 이하 각급학교에 소속된 학생 또는

> 그 보호자 등이 교육활동 중인 교원에 대하여 다음 각 호의 어느 하나에 해당하는 행위를 하는 것을 말한다.
> 2. 교원의 교육활동을 부당하게 간섭하거나 제한하는 행위로서 다음 각 목의 어느 하나에 해당하는 행위다.
> 라. 그 밖에 교육부장관이 정하여 고시하는 행위
>
> **「교육활동 침해행위 및 조치 기준에 관한 고시」 제2조(교원의 교육활동 침해행위)**
> 교원의 교육활동(원격수업을 포함한다)을 부당하게 간섭하거나 제한하는 행위는 다음 각 호와 같다.
> 5. 교육활동 중인 교원의 영상·화상·음성 등을 촬영·녹화·녹음·합성하여 무단으로 배포하는 행위

마지막으로 「교원의 학생생활지도에 관한 고시」에 따르면 학생은 수업 중 휴대 전화를 사용하지 못하도록 하고 있으므로 수업 중 휴대 전화 사용은 원칙적으로 금지된다. 따라서 교육 목적의 사용이 아님에도 휴대 전화를 사용하여 수업 중 녹음을 한 경우 교내 생활교육위원회의 징계가 가능할 수 있다는 점도 기억해 두어야 한다.

「교원의 학생생활지도에 관한 고시」

제4조(수업 중 휴대전화 사용)

학생은 수업 중에 휴대전화를 사용해서는 안 된다. 다만, 교육 목적의 사용, 긴급한 상황 대응 등을 위하여 사전에 학교의 장과 교원이 허용하는 경우에는 휴대전화를 사용할 수 있다.

▶학교에서 수업 중 휴대전화 사용은 원칙적 금지

제12조(훈육)

⑨ 학교의 장과 교원은 학칙으로 정하는 바에 따라 다음 각 호의 물품을 학생으로부터 분리하여 보관할 수 있다.

4. 그 밖에 학칙으로 정하여 소지·사용을 금지한 물품

제16조(생활지도 불응시 조치)

② 교원은 지속적인 생활지도에 불응하는 학생에 대하여 학교의 장에게 징계를 요청할 수 있다.

▶생활교육위원회 징계 가능

7. 선생님 갱년기예요?

[모욕, 성희롱/중학생]

수업을 시작한 지 15분이 넘어가고 있었지만, 재현이는 아예 수업을 들을 생각이 없어 보였다. N 교사를 빤히 쳐다보면서 실실 웃다가 손으로 하트 모양을 그렸다가 엎드렸다가 계속 자세를 바꿔 가며 꼼지락댔다.

"재현아, 수업 듣자."

N 교사는 화가 났지만, 부딪치고 싶지 않아서 최대한 상냥하게 재현이를 타일렀다. 예상했던 대로 재현이는 들은 척도 하지 않았다. 오히려 자리에서 벌떡 일어나 N 교사에게 하트를 날리고는 눈을 찡긋하며 윙크까지 했다.

"재현아, 너 계속 장난칠 거야?"

"재현아, 너 계속 장난칠 거야?"

재현이는 N 교사의 목소리를 흉내 내며 그대로 따라 말했다. 아이들은 재현이의 흉내에 일제히 웃음을 터뜨렸다. 처음에는 N 교사도 그냥 좋은 말로 타이를 생각이었는데, 재현이의 이런 안하무인 태도를 보니 화가 머리끝까지 났다. 수업을 중단하고 재현이를 제대로 훈육해야겠다고 생각한 순간 갑자기 맨 뒤에 앉은 현우가 손을 번쩍 들었다.

　　"선생님, 저 오줌 마려워요. 화장실 가도 돼요? 쌀 거 같아요."

　　현우의 말이 끝나기가 무섭게 남학생들이 킥킥대며 웃기 시작했다. 재현이가 의기양양하게 손을 번쩍 들었다.

　　"선생님, 얘 쌀 거 같대요. 빨리 보내 줘야 돼요. 야, 너 진짜 쌀 거 같아? 왜? 뭘 보고 쌀 거 같은데?"

　　"재현아, 너가 하트 그려서 현우가 쌀 거 같다잖아. 선생님, 이 새끼 존나 이상해요."

　　여기저기에서 남학생들이 웅성거렸고 여학생들은 인상을 찌푸렸다. N 교사는 너무 당황스러웠다. 뭘 어떻게 대응해야 할지 아무 생각도 나지 않았다. 얼굴이 빨개질 거 같았지만, 애써 아무렇지도 않은 척 교탁을 탁탁 두드렸다.

　　"시끄러워! 현우는 수업 끝나고 화장실 가라. 다들 교과서 안 펼래?"

　　"선생님, 현우 빨리 화장실 보내 줘야 한다니까요. 저 새끼 싸요!"

　　재현이가 낄낄거리며 말하자 현진이, 수호, 은우 등 다른 남학생들도 재현이를 따라 다들 한마디씩 거들기 시작했다. N 교사는 도저히 참을 수가 없었다. 아이들 앞에서 이렇게까지 공개적으로 무시당하고 놀림거리가 된 건 처음이었다.

"너희들 정말 책 안 펼래? 나랑 끝까지 해보겠다는 거야?"

N 교사가 언성을 높였으나 아이들은 아랑곳하지 않았다.

"선생님, 갱년기예요? 야, 선생님 갱년기래. 건드리지 마."

쐐기를 박듯이 재현이가 따박따박 말하는 순간 N 교사는 숨이 턱 막혔다. 대체 어디서부터 잘못된 건지 알 수가 없었다. 이런 분위기에서는 화를 내도, 좋게 타일러도 전혀 먹힐 거 같지 않았다. 이런 분위기 속에서도 어떻게든 꿋꿋하게 수업을 해야만 하는 처지에 자괴감마저 느껴졌다. 아무 말 하지 않고 있는 여학생들은 지금 이 상황을 어떻게 보고 있는지 짐작조차 되지 않았다. 남학생들 전체를 대상으로 교육활동 침해로 신고해야 하는 건지, 아니면 이 분위기를 주도한 재현이만 신고하는 게 맞을지, 그도 아니면 그냥 교사를 그만두어야 하는 건지 막막하기만 했다.

법으로 해결하기

사안에는 여러 학생이 등장한다. N 교사에게 끊임없이 장난을 치는 재현이, 화장실에 가겠다는 말로 수업 분위기를 흐린 현우, 그런 재현이와 현우의 행동에 웃으며 한마디씩 거든 현진이, 수호, 은우 그리고 또 다른 남학생들. 이러한 상황에서 교육활동 침해 신고를 고민하는 N 교사는 이들 중 누구를 침해관련학생으로 신고하여야 할지 고민할 것이다. 이론적으로는 재현이만을 신고하는 것도, 다수의 학생을 모두 신고하는 것도 가능하다. 다만 여러 학생에 대하여 교육활동 침해 행위가 인정되기 위해서는 각각의 학생이 어떠한 행위를 하였는지 특정할 필요가 있을 것이고 이에 대한 목격학생들의 진술까지도 필요할 수 있다.

사안에서 재현이는 N 교사에게 지나친 애정 표현으로 장난을 쳤고 현우와 그 외 학생들은 성적으로 느껴질 만한 표현을 하였다. 이에 대하여 교육부 고시 제2조 제2호 '교육활동 중인 교원에게 성적 언동 등으로 성적 굴욕감 또는 혐오감을 느끼게 하는 행위', 즉 성희롱을 인정할 수 있을지에 관하여 살펴본다. '성희롱'이란 지위를 이용하거나 업무 등과 관련하여 성적 언동 등으로 상대방에게 성적 굴욕감이나 혐오감을 느끼게 하는 행위 등을 말하는데, 여기서 말하는 성희롱의 전제 요건으로서의 '성적 언동 등'이란 남녀 간의 육체적 관계나 남성 또는 여성의 신체적 특징과 관련된 육체적, 언어적, 시각적 행위로서 사회 공동체의 건전한 상식과 관행에 비추어 볼 때 객관적으로 상대방과 같은 처지에 있는 일반적이고도 평균적인 사람으로 하여금 성적 굴욕감이나 혐오감을 느끼게 할 수 있는 행위를 의미한다(대법원 2007. 6. 14. 선고 2005두6461 판결). 따라서 교육활동 침해 유형으로서 성희롱이 인정되기 위해서는 피해 교원이 불쾌감을 느낀 것만으로는 부족하고 '객관적으로 피해 교원과 같은 처지에 있는 일반적이고도 평균적인 사람으로 하여금 성적 굴욕감이나 혐오감을 느끼게 하는 행위'에 해당하여야 한다.

판례 중 하나를 소개한다. 고등학교 2학년인 원고는 진로 상담 중 장래 희망을 묻는 담임 교사에게 'G여대 청소부', '에로 배우', '누드모델'이라고 말하였고 해당 행위는 교육활동 침해행위로 인정되었다. 원고는 소송을 제기하였고 1심은 "원고의 위와 같은 성희롱적 발언으로 담임 교사가 상당한 불쾌감을 느꼈고 이 일을 비롯하여 원고가 욕설과 위협적인 행동을 한 것으로 인해 극심한 심리적 불안 및 불면, 우울 증세에 시달리고 있다고 진술하고 있어 원고의 행위가 담임 교사에게 상당한 피해를 야기한 것으로 판단된다."라고 판시하며 원고의 성희롱적 발언이 교육활동 침해행위에 해당한다고 하였으나, 2심은 이를 뒤집어 '객관적으로 상대방과 같은 처지에 있는 일반적이고도 평균적인 사람으로 하여금 성적 굴욕감이나 혐오감을 느끼게 하는 행위가 아니'라는 이유로 성희롱을 인정하지 않았다. 사안은 최종 확정되었다.

　N 교사가 사안의 관련학생을 모두 교육활동 침해로 신고한다면, 학생들의 성적 언동 등이 N 교사뿐 아니라 일반적이고도 평균적인 사람에게 성적 굴욕감이나 혐오감을 일으키는 행위로 인정되어야 성희롱에 따른 교육활동 침해행위로 조치가 결정된다. 다만, 앞서 언급한 바와 같이 소란스러운 상황에서는 누가 어떤 성적 언동을 하였는지 명확히 확정하기 어려워 결국 교육활동 침해행위로 인정되지 않을 가능성도 있다. 한편, N 교사는 관련학생 전체가 아니라 재현이만 신고할 수도 있다. 재현이는 N 교사가 정당한 생활지도를 하였음에도 불구하고 이에 따르지 않았으므로, 교육부 고시 제2조 제4호 위반에 해당할 것으로 보인다.

교육적으로 해결하기

사실 교사에게 있어서 가장 견디기 힘들고 마음이 무너지는 순간은 한두 명의 학생이 지도에 불응하거나 반항하는 상황이 아니라 다수의 학생이 집단으로 분위기를 몰아가는 경우일 것이다. 언뜻 보면 장난 같지만, 미묘하게 수업 분위기를 와해시켜 교사를 압박하는 것이다. 이런 상황을 맞닥뜨리면 아무리 경력이 많은 교사라고 해도 당황하고 감정이 앞서게 되며 극심한 스트레스를 받을 수밖에 없다. 특히 그 장난이 여교사를 향한 남학생들의 성적인 농담이라면 교사의 심리적 타격은 배가된다. 대놓고 반항하는 것도 아니고 정확하게 성희롱이라고 단정을 짓기도 애매한, 마치 장난처럼 보이는 수업 방해 행동은 교사로서는 대응하기가 정말 쉽지 않은 경우일 것이다.

물론 이 사안에서 분위기를 주도한 재현이를 교육활동 침해로 신고하는 것도 하나의 방법이다. 그러나 신고를 한 후에도 교사는 교실에서 학생들과 계속 만나야 하므로 신고보다는 먼저 교사의 권위와 교실의 규율, 공동체의 규범을 회복하는 작업이 필요하다는 생각이다.

첫 번째로 고민해 보아야 할 부분은 재현이다. 대체 왜 재현이가 그런 행동을 하게 되었는지, 그 심리적 요인과 행동 원인에 대해 분석해 보는 것이 문제 해결의 첫 단추라는 생각이다. 모든 행동에는 느낌과 그 이면의 욕구가 있으니 말이다. 전후 맥락과 재현이의 기질에 대한 이해가 좀 더 필요하긴 하겠지만, 일반적으로 중학교 남학생이 이런 행동을 한다면 성적인 농담으로 반의 분위기를 장악하고 주목을 받으려는 또래 내 인정 욕구일 가능성이 있다. 즉, 또래 내 서열 확보와 관련된 청소년기 사회성 발달의 일환일 수 있다. 물론 기질적으로 통제 받는 것을 싫어하거나 타인의 감정에 대한 공감 능력이 다소 부족한 학생일 수도 있다. 이런 분석을 하다 보면 재현이를 향한 분노가 조금은 가라앉으면서 교육자로서의 문제 해결에 대한 고민이 시작된다.

분위기를 주도한 재현이에 대해서는 신중하고 세심한 접근이 필요해 보인다. 일단은 분위기를 차단하기 위해 재현이에게 명확하고 단호한 메시지를 전달하면 좋겠다. 다만, 명확하게 제재하고 경계를 설정하되, 교사의 분노를 그대로 표출하거나 공개적으로 과도한 비난은 하지 않도록 주의해야 한다. 재현이가 수치심을 느껴서 오히려 방어적 반응을 보일 수 있기 때문이다. 만약 재현이가 비난에 특히 예민한 학생이거나 재현이뿐 아니라 다수의 학생이 집단으로 분위기를 조성하는 경우라면 반 학생 전체를 대상으로 단호하면서도 교육적인 메시지를 전달하는 것도 방법일 것이다. 반 학생 전체에게 하는 메시지든, 재현이에 대한 메시지든 중요한 건 감정을 배제한 단호함이다. 행동의 결과를 명확히 전달하고 교사의 기분을 표현하되 단순한 감정이 아닌 규칙과 존중의 원칙을 강조하는 어휘와 태도가 필요하다.

(1) 반 전체 학생에게

· 지금 이 분위기는 서로 웃기고 조롱하려고 하는 방향으로 흐르고 있어

요. 이런 분위기에서는 아무도 안전하게 배울 수 없어요. 이건 그냥 장난이 아니라 수업 방해입니다. 지금 멈추지 않으면 더는 수업을 진행할 수 없어요.
- 나는 우리 반이 서로를 존중하는 반이 되었으면 좋겠는데, 지금 이건 그 기준을 넘었어요. 누군가는 마음이 굉장히 불편할 것이고, 나는 이 상황을 교육적으로 그냥 넘기지 않을 것입니다.

(2) 재현이에게

- 재현아, 네가 지금 반 전체 수업의 흐름을 끊고 있다는 거 알고 있을 거야. 이건 절대 가볍게 넘길 수 없다.
- 재현이가 지금 수업을 방해하고 있어. 이건 재미있거나 웃기는 게 아니라 지켜야 할 선을 넘은 거야.

이처럼 재현이에게든, 반 학생 전체에게든 짧지만 엄중하게 경계를 설정한 뒤에는 수업 종료 후 따로 분위기를 주도한 재현이를 불러서 상담을 진행할 것을 권한다. 이때 일방적인 훈계나 타이름, 질책 등이 되지 않고 교사와의 관계 회복과 자기 성찰을 유도할 수 있도록 한다. "도대체 무슨 생각으로 그런 거야?"처럼 심문하듯 묻지 않고, "네가 문제야."가 아닌 재현이의 '행동'에 초점을 맞추며, 기대와 신뢰를 함께 표현하면 좋겠다. 비폭력 대화에 기반한 '관찰, 느낌, 욕구, 부탁'의 구조로 상담을 진행하는 것도 도움이 될 것이다.

- [관찰] 오늘 수업 시간에 네가 여러 번 성적인 농담을 하고, 내가 멈추라고 여러 차례 말했는데도 선생님 말을 듣지 않은 걸 봤어.
- [느낌] 그 상황에서 선생님은 당황스럽고 속상했어. 그리고 존중받지 못한다고 느꼈어.
- [느낌] 반 전체 수업이 방해되어서 안타깝기도 했어.
- [욕구] 나는 학생과 교사 모두 서로 존중받고 집중할 수 있는 환경에서 수업을 하고 싶어.
- [욕구] 나는 우리 교실이 서로 존중하고 안전한 환경에서 함께 잘 배울 수 있는 곳이면 좋겠어. 그리고 그런 환경에서 제대로 수업을 해내고 싶어.
- [질문] 재현이가 일부러 나를 힘들게 하려고 한 건 아니라고 생각해. 그렇기 때문에 너의 입장에서 어떤 기분이였는지 말해 줄 수 있을까?
- [질문] 너는 오늘 수업 시간에 무슨 일이 있었다고 느꼈어?
- [질문] 다시 그때로 돌아간다면 어떻게 행동하고 싶어?
- [부탁] 앞으로 수업 중에 불편한 상황이 생기면 장난처럼 넘기지 말고 예의를 지키면서 대화로 풀 수 있으면 좋겠어.
- [부탁] 선생님은 네가 친구들에게 긍정적인 영향을 줄 수 있는 학생이라고 생각해. 그리고 그 영향력을 좀 더 멋지게 사용해 주면 좋겠어.
- [부탁] 나는 네가 더 책임감 있게 행동할 수 있다고 믿어. 그렇게 해 줄 수 있을까?

8. 여기가 문구점이니?

[공무집행방해/고등학생]

"선생님, 수정테이프 좀 빌려주세요."

또 민찬이였다. K 교사는 저도 모르게 한숨이 나왔다.

"민찬아, 지금 선생님 희윤이랑 상담하고 있잖아. 이따 다시 오든지 아니면 다른 친구한테 빌려서 써."

최대한 친절하게 말하려고 애를 썼지만, 어쩌면 무의식중에 K 교사의 말투에 약간의 짜증이 묻어났는지도 모르겠다. 그걸 알아차린 것인지 민찬이의 표정이 굳어졌다.

"야, 장희윤. 너 좀 기다려. 선생님, 저 급하다고요. 지금 수정테이프 빌려주세요. 그거 하나 빌려주는 게 그렇게 어려워요?"

민찬이의 예의 없는 말투에 K 교사의 언성도 덩달아 올라갔다.

"민찬아, 여기가 문구점이니? 너 나한테 수정테이프 맡겨 놨어? 지금 선생님 상담하고 있다고 했잖아. 그리고 너 경고하는데, 말 이쁘게 해라."

민찬이는 그 자리에 서서 한참 동안 K 교사를 노려보더니 마지못해 뒤를 돌아 교무실을 나갔다. 뒤를 돌면서 '씨발'이라고 욕하는 소리를 들은 것 같기도 했지만, K 교사는 굳이 민찬이와 실랑이하고 싶지 않아서 그냥 못 들은 척하기로 했다. 만약 너 지금 나한테 욕했냐고 물어보면 혼잣말한 거라고 대답할 게 뻔했다. 물론 K 교사가 잘못 들은 것일 수도 있겠지만, 그걸 따지는 건 무의미하다는 생각이 들었다.

사실 민찬이가 찾아온 건 이번이 처음이 아니었다. 민찬이는 거의 매일 출근 도장을 찍듯 K 교사를 찾아왔다. 빌려 달라는 품목도 다양했다. 어느 날은 가위, 어느 날은 볼펜, 또 어느 날은 A4 용지 등 매일 다른 걸 빌려달라고 찾아왔다. 처음에는 K 교사도 친절하게 빌려주었다. 스스럼없이 교무실에 들어와 K 교사에게 말을 거는 민찬이의 싹싹함이 귀엽기도 했다. 하지만, 횟수가 잦아지고 시도 때도 없이 찾아와서 이것저것 빌려달라고 떼를 쓰는 민찬이가 K 교사는 조금씩 귀찮아지기 시작했다. 특히 수업 준비를 하거나 급하게 처리할 업무가 있어서 정신없이 바쁠 때에도 무작정 찾아와서 지금 당장 빌려달라고 막무가내로 조를 때는 너무 짜증이 났다. 물건만 빌리고 바로 돌아가면 그나마 괜찮았다. 점심시간이나 방과 후에는 시답잖은 농담을 하며 K 교사 옆 보조 의자에 앉아서 교실로 돌아갈 생각을 하지 않았다. K 교사가 이만 가라고 말해도 듣지 않았다. 그러다가 급기야 오늘은 다른 학생과 상담하는 중에까지 찾아와서는 막무가내로 수정테이프를 빌려달라고 졸라 댄 것이었다.

  K 교사는 이대로 넘어갈 수 없다고 판단했다. 교사에게 욕을 하는 것만 교육활동 침해가 아니라 교사의 교육활동이 정상적으로 이루질 수 없도록 방해하는 것 역시 교육활동 침해일 것이다.

법으로 해결하기

교원의 수업 준비나 학교에서의 업무를 학생이 방해하는 경우 형법상 공무집행방해 또는 업무방해에 해당할까.

「형법」
제136조(공무집행방해)
① 직무를 집행하는 공무원에 대하여 폭행 또는 협박한 자는 5년 이하의 징역 또는 1천만원 이하의 벌금에 처한다.

제314조 (업무방해)
① 제313조의 방법 또는 위력으로써 사람의 업무를 방해한 자는 5년 이하의 징역 또는 1천500만원 이하의 벌금에 처한다.

제313조(신용훼손)
허위의 사실을 유포하거나 기타 위계로써 사람의 신용을 훼손한 자는 5년 이하의 징역 또는 1천500만원 이하의 벌금에 처한다.

형법 제136조(공무집행방해)는 직무를 집행하는 공무원에 대하여 폭행 또는 협박을 한 자를 처벌하도록 규정한다. 따라서 공립 학교 교사와 같은 교육공무원에게 폭행이나 협박을 하는 경우 공무집행방해죄가 성립할 수 있다. 그러나 단순히 학생이 수업을 방해하거나 사소하게 물건을 빌리는 행위 등은 공무집행방해죄가 성립하지 않는다.

한편, 형법 제314조(업무방해)는 허위 사실 유포, 위계(속임수), 또는 위력(사람의 의사를 제압할 수 있는 힘)으로 사람의 업무를 방해하는 경우에 성립한다. 그러므로 학생들의 단순한 수업 방해 행위는 통상 이러한 요건에 해당하지 않으므로 업무방해죄로 보기 어렵다.

사안의 경우, 민찬이는 수업 준비를 하는 K 교사를 찾아와 물건을 빌려달라고 요구하고, 점심시간이나 방과 후에도 K 교사를 찾아와 자리를 떠나지 않았다. 민찬이의 행위는 K 교사의 업무를 방해하였다고 볼 수 있으나, 이는 형법상 공무집행방해죄나 업무방해죄에는 해당하지 않는다.

민찬이의 행위가 교육활동 침해행위로 인정되기 위해서는 그 행위가 '교원의 법적 의무가 아닌 일을 지속적으로 강요하는 행위'(교원지위법 제19조 제1호 나목)에 이르거나 교육부 고시 제2조 제3호 '교원의 정당한 교육활동에 대해 반복적으로 부당하게 간섭하는 행위', 또는 제4호 '교원의 정당한 생활지도에 불응하여 의도적으로 교육활동을 방해하는 행위'에 이르러야 한다. 그러나 민찬이의 지금까지의 행동은 단순히 교사를 귀찮게 하는 정도에 머무르며 위와 같은 법적 요건에 부합하지 않으므로 교육활동 침해행위로 인정되기는 어려울 것으로 판단된다.

교육적으로 해결하기

교무실은 선생님께 꾸지람을 들을 때나 가는 곳이라고 생각해서 되도록 교무실을 멀리하던 시절이 있었다. 하지만 지금은 아니다. 많은 학생이 스스럼없이 교무실을 드나들 뿐 아니라 가위, 볼펜, A4 용지 등 각종 문구류를 빌리러 오기도 하고, 학습지를 가져오지 않았으니 복사 좀 해 달라고 부탁하는 학생들도 적지 않다. 심지어 쉬는 시간에 그냥 놀러 왔다며 선생님 옆자리에 털썩 앉아서 시답잖은 농담을 던지는 학생도 있다. 교무실이 한없이 멀고 불편한 곳이었던 이전과는 달리 지금은 문턱 낮은 사무실 정도로 느껴지는 셈이다. 예전에 비해 교사와 학생 사이가 한층 친근해지고 스스럼없어졌다는 측면에서는 긍정적이지만, 그만큼 교사와 학생 간의 경계 설정이 모호해진 부분도 생각해 봐야 할 지점이다.

이 사례의 민찬이 역시 쉬는 시간에 K 교사에게 그냥 놀러 올 만큼 K 교사와는 꽤 친근한 사이인 듯하다. 다만 매일 반복적으로 교무실에 찾아오고 물건을 빌려달라고 조르는 것은 단순하게 문구류가 없어서라기보다는 다른 심리 정서적 동기가 숨어 있을 수 있다. 그러므로 설령 혼잣말하듯 욕설까지 내뱉었더라도 교육활동 침해 신고 여부를 결정하기에 앞서 먼저 그 심리 정서적 동기를 탐색하는 작업이 선행되면 좋겠다. 이러한 탐색은 민찬이와의 상담을 통해 어렵지 않게 파악할 수 있을 것이다. 어쩌면 민찬이는 정서적 연결이 필요하여 선생님의 관심을 받고 싶은 욕구가 있을 수도 있고, 선생님과 특별한 관계를 맺고 싶은 사회적 관계의 욕구가 있을 수도 있다. 물론 자기 관리가 미숙하여 준비 습관이 구조화되지 않아 실제로 문구류가 필요했을 수도 있다. 이런 상황에서 만약 교사가 다짜고짜 정색하거나 무조건 일방적으로 제지하게 되면 관계가 불편해질 수 있으므로 민찬이의 마음을 어느 정도 공감해 주면서 대화를 이어 가면 좋겠다. 물론 그렇다고 해서 민찬이의 심리 정서적 동기에서 나온 무분별한 행동 자체가 정당화되는 것은 아니다. 무엇보다 다른 학생과 상담하는 중에 막무가내로 끼어든 행동에 대해서는 엄격한 지도와 명확한 경계 설정이 필요할 것이다. 민찬이 행동의 이면에 있는, 어쩌면 민찬이 스스로도 잘 인식하지 못하고 있을 수도 있는 심리적 욕구를 먼저 잘 읽어 주고 학생을 존중하는 태도로 말하되 따뜻한 시선과 단호함이 동시에 전달될 수 있도록 하자.

- [관찰] 요즘 민찬이가 자주 교무실에 와서 이것저것 빌려 가는 걸 봤어.
- [느낌] 처음에는 민찬이가 와서 반갑기도 하고 괜찮았는데, 요즘 선생님이 다른 일로 바쁠 때 갑자기 오면 당황스럽거나 마음이 분주해지기도 했어.
- [탐색] 혹시 민찬이가 선생님에게 말을 걸고 싶었거나 편하게 얘기하고 싶은 상대가 필요했던 건 아니었을까 하는 생각도 들어.
- [욕구] 나는 민찬이도 잘 도와주고 싶고 또 수업 준비나 업무도 잘해 내

고 싶어.
- [부탁] 앞으로는 꼭 필요한 경우가 아니면 조금씩 스스로 준비하는 습관을 만들어 보면 좋겠어.
- [부탁] 만약 꼭 도움이 필요한 경우에는 쉬는 시간이나 점심시간에 미리 알려 주면 좋을 거 같아.
- [관찰] 아까 희윤이랑 상담하고 있을 때 찾아와서 희윤이에게 기다리라고 했을 때
- [느낌] 선생님은 그 상황이 당황스럽고 화가 나기도 했어.
- [욕구] 나는 우리가 서로 존중하고 예의를 지키는 게 중요하다고 생각해.
- [부탁] 앞으로 선생님이 다른 친구와 이야기하고 있을 때는 잠시 기다려 주거나, 이야기가 끝난 다음에 다시 와 주면 좋겠어.
- [마무리] 이건 너를 혼내려는 게 아니라 민찬이가 스스로를 잘 세워 가길 바라는 마음에서 하는 이야기야.
- [마무리] 내가 도와줄 수 있는 건 도와줄게. 다만 서로를 배려하는 선을 잘 만들어 보자.

9. 끝나지 않는 싸움

[반복적 부당 간섭/학부모]

저녁 9시, 모르는 번호로 전화가 왔다. L 교사는 아무 생각 없이 전화를 받았다. 해인이 어머니였다. 해인이 어머니가 어떻게 자신의 휴대폰 번호를 알게 되었는지 궁금해할 겨를도 없이 해인이 어머니는 다짜고짜 화부터 냈다.

"선생님, 오늘 우리 해인이 노트 검사 일부러 제일 마지막에 해 주셨다면서요? 왜 그러신 거예요?"

"아~ 어머님, 일부러 제일 마지막에 한 건 아니었고요. 해인이가 다 쓰지 못해서 다른 아이들 노트 검사하는 동안 쓰도록 한 거예요."

"아니, 선생님이 시간을 충분히 주지 않고 애들을 닦달하니까 해인이가 마음이 급해져서 제대로 쓰지도 못한 거잖아요. 거기다가 검사까지 일부러 맨 마지막에 하셔서 우리 해인이가 얼마나 기가 죽었는지 아세요? 이런 식으로 차별 대우하신 게 지금 몇 번째인가요? 제가 정말 참다 참다 이건 좀 너무한 거 아닌가 싶어서 전화를 드린 겁니다."

해인이 어머니는 다짜고짜 L 교사가 일부러 해인이를 차별 대우했다고 몰아붙였다. L 교사가 아무리 그게 아니라고 설명을 해도 전혀 들을 생각을 하지 않았다. 말을 하면서 제풀에 점점 더 화가 나는 듯 언성이 계속 높아졌다.

"선생님, 제가 이런 말까진 안 하려고 했는데, 다른 엄마들도 선생님 교육 방식에 대해 불만이 많은 거 아세요? 어떤 엄마는 아동학대 신고까지도 고려하고 있다고요. 아무래도 선생님이 아직 결혼도 안 하시고 아이가 없어서 책으로만 교육을 배우신 거 같아요."

L 교사는 더 이상 해인이 어머니의 말을 듣고 싶지 않았다.

"어머님, 말씀이 좀 지나치신 거 같아요. 다시 말씀드리지만, 저는 해인이 노트 검사를 일부러 마지막에 한 적 없고요, 해인이를 차별 대우한 적은 더더욱 없습니다. 그리고 지금 근무 시간도 아니니까 하실 말씀 있으시면 사전에 상담 신청하시고 학교로 방문해 주세요. 이만 전화 끊겠습니다."

너무 단호하게 말했나 싶어서 조금 걱정이 되었지만, L 교사는 해인이 어머니의 말을 더 이상 듣고 싶지 않았다. 그러나 이건 시작에 불과했다. 다음 날 해인이 어머니는 상담 신청도 없이 무작정 학교로 찾아와서 L 교사에게 막말을 퍼부었다. 주위 사람이 듣거나 녹음이 될까 봐 두려웠는지 입 모양으로 L 교사에게 욕까지 했다. 지금 당장 교장실로 찾아가서 담임 교체를 요구하겠다는 걸 학년 부장 교사가 겨우 말려서 사태가 극단으로 치닫는 건 막았다.

 이 정도 했으니 어느 정도는 화가 풀렸으려나 싶었건만, 이번엔 매일 저녁 메시지 폭탄이 시작되었다. L 교사가 근무 시간 이후에는 해인이 어머니의 전화를 받지 않자 화가 머리끝까지 난 해인이 어머니는 매일 밤 장문의 메시지를 보내기 시작했다. 그때마다 내용은 점점 부풀려졌고 왜곡되었다. 급기야 3일 후에는 교감 선생님이 L 교사를 불렀다. 교육청으로부터 국민신문고가 접수되었다는 연락이 왔다고 했다. L 교사에 대한 담임 교체를 요구하는 내용의 국민신문고였다. 보나 마나 해인이 어머니가 틀림없었다.

 교감 선생님과 면담을 마치고 퇴근하는 길에 L 교사는 마음이 너무 무거웠다. 만약 처음 해인이 어머니에게서 항의 전화가 왔을 때 적당히 사과하고 좋게 좋게 통화를 마무리했더라면 상황이 여기까지 이르진 않았을까 후회도 되었다. 하지만 다시 시간을 되돌려 그 순간이 온다 해도 L 교사는 똑같이 그렇게 단호하게 대처했을 것 같았다. 옆자리 K 교사는 해인이 어머니가 무슨 짓을 할지 모르니 적당히 사과하고 끝내라고 권했지만, L 교사는 그러고 싶지 않았다. 고민 끝에 L 교사는 해인이 어머니를 교육활동 침해로 신고하기로 결심했다.

법으로 해결하기

교육활동 침해행위를 할 수 있는 주체는 학생만이 아니다. 교원지위법은 '소속 학교의 학생 또는 그 보호자 등'이 교원지위법 제19조 등이 행위를 하였을 때 교육활동 침해행위를 인정한다. 즉 학생뿐만 아니라 '학생의 보호자 등'도 교육활동 중인 교원에 대하여 교육활동 침해행위를 할 수 있다. 보호자 '등'에는 일반적으로 학생의 보호자 외 형제자매, 친인척 등이 포함된다고 보면 된다. 보호자 등이 교육활동 침해행위를 하였을 경우 심의를 거쳐 그에 따른 조치를 받을 수도 있다. 보호자 등 역시 교육활동 침해행위의 심각성, 지속성, 고의성, 그리고 침해행위를 한 보호자 등의 반성 정도 및 침해 보호자 등과 피해교원과의 관계 회복 정도를 고려한다. 다만 보호자 등의 경우 학생이 아니므로 '서면사과 및 재발 방지 서약' 내지 '교육감이 정하는 기관에서의 특별교육 이수 또는 심리치료'의 조치만 가능하다.

「교원지위법」 제26조(교육활동 침해 보호자 등에 대한 조치)

① 고등학교 이하 각급학교의 장은 소속 학생의 보호자 등이 교육활동 침해행위를 한 사실을 알게 된 경우에는 지역교권보호위원회에 알려야 한다.

② 지역교권보호위원회는 제1항 및 제28조에 따라 교육활동 침해행위 사실을 알게 된 경우에는 교육활동 침해행위를 한 보호자 등에 대하여 다음 각 호의 어느 하나에 해당하는 조치를 할 것을 교육장에게 요청할 수 있다.

1. 서면사과 및 재발방지 서약
2. 교육감이 정하는 기관에서의 특별교육 이수 또는 심리치료

　교원지위법은 교육활동 침해행위의 유형으로 교원의 교육활동을 부당하게 간섭하거나 제한하는 행위로서 '목적이 정당하지 아니한 민원을 반복적으로 제기하는 행위'와 '교원의 법적 의무가 아닌 일을 지속적으로 강요하는 행위'를, 교육부 고시는 '교원의 정당한 교육활동에 대해 반복적으로 부당하게 간섭하는 행위'를 교육활동 침해행위의 유형으로 각 규정하고 있다. 이 유형들은 사실상 보호자의 교육활동 침해행위의 유형으로 보아도 무방하다.

　실제로 교육부에서 발간한 '2024학년도 교육활동 침해 실태조사'에 따르면 2024학년도에 발생한 보호자 등에 의한 침해로는 '정당한 교육활동에 대한 반복적·부당 간섭'(24.4%) 사례가 가장 많이 발생하였으며, 모욕·명예훼손(13.0%), 공무 및 업무방해(9.3%), 협박(6.5%), 상해·폭행(3.5%) 순으로 교육활동 침해행위가 인정되었다.

　사안의 해인이의 어머니는 밤 9시 L 교사의 휴대 전화로 전화를 걸었고 L 교사에게 해인이 노트 검사에 대한 불만을 쏟아 냈다. 다음 날에는 사전 신청 없이 학교로 찾아왔고 L 교사를 향해 막말을 하였다. 그리고 퇴근 후 문자 메시지 폭탄을 보냈으며 관련하여 국민신문고를 넣어 담임 교체를 요구하였다.

교사와의 면담을 원할 경우, 사전에 면담을 약속하고 학교를 방문하거나 유선상 면담을 진행하여야 한다. 약속 없이 늦은 시각 교사에게 전화를 걸어 면담을 요청하여도 긴급한 상황이 아닌 경우 교사는 면담을 거부할 수 있다. 만약 해인이의 어머니와 같이 별도의 약속 없이 학교로 찾아와 목적이 정당하지 아니한 민원을 반복적으로 제기한다면 교원지위법 제19조 제2호 가목 또는 교육부 고시 제2조 제3호에 따른 교육활동 침해행위에 해당할 것이다.

교육적으로 해결하기

교사에게 있어서 학부모 민원은 가장 큰 스트레스 중 하나일 것이다. 99%의 학부모들이 다 훌륭해도 도를 넘는 민원을 제기하는 학부모 한 명 때문에 교사를 그만두고 싶어지기 때문이다. 그중에서도 초등학교나 중학교 저학년 등 아이가 어릴수록 학부모의 민원은 집요하고 거셀 수 있다. 아이를 처음 학교에 보내 놓고 전전긍긍 걱정이 되기 마련일 테니 말이다. 중학교, 고등학교를 거치면서 아이가 이런저런 일들을 겪고 나면 학부모도 어느 정도 마음을 내려놓고 포기할 건 포기하게 되는데, 아무래도 처음 학부모가 되었을 때는 자녀의 말 한마디에도 민감하게 반응하게 된다. 그러다 보니 자녀가 불편함을 겪는 걸 용납하지 못하거나 아이의 말만 듣고 이런저런 항의를 이어 가는 학부모들을 어렵지 않게 만날 수 있다.

교사로서 학부모들의 이런 마음을 어느 정도는 이해하기에 대다수 교사는 학부모의 첫 민원에서는 최대한 예의를 갖추어 공감적으로 대응한다. 이때 먼저 다음 사항을 객관적으로 점검해 보기를 권한다.

1) 학부모가 민원을 제기한 내용에 타당성이 있는지 꼼꼼하게 확인한다.
2) 당시의 상황을 복기해 보면서 혹시 오해를 불러일으킬 만한 부분이 있는지 다시 한번 검토한다. 이 복기의 과정이 잘 이루어져야

정확하게 대응할 수 있다.
3) 일단 초기에는 학부모와 공감 기반의 소통을 위해 최대한 노력한다. 다만, 부당한 비난에는 사과하지 않고 오해를 일으킨 부분에 대해서만 유감을 표현한다.
4) 학부모의 인격적 비난에는 감정적으로 대응하지 않고 단호하게 선을 긋는다.
5) 억울한 마음이 앞서서 감정적으로 격해진 학부모에게 즉각적으로 반박하거나 감정적으로 맞서면 상황이 더 악화될 수 있으므로 중심을 지키고 충분히 공감하되 단호함을 잃지 않는 태도가 중요하다.
6) 학부모와 통화하거나 메시지를 주고받은 내용은 일시, 내용 등을 잘 기록하여 문서화한다.

* 예시
- 저도 해인이를 포함한 저희 반 아이들이 모두 존중받으며 성장하길 바랍니다. 혹시 제가 오해받을 만한 행동을 했다면 살펴보고 싶어요. 어머님과의 소통을 통해 더 나은 방향을 찾고 싶습니다
- 다만 근무 시간 이후의 반복적인 연락은 제 업무 처리나 생활에도 지장을 줄 수 있기 때문에 업무 시간 내에 소통할 수 있도록 협조해 주시면 감사하겠습니다.
- 어머님께서 느끼시는 불편함과 걱정에 대해서는 마음을 다해서 귀를 기울이고 있습니다. 어머님의 마음에 충분히 공감하고 정확한 상황을

함께 파악해 나가고 싶습니다.
- 민감한 사안일수록 서로를 존중하는 태도로 대화해야 더 좋은 방향을 찾을 수 있을 거라고 생각합니다. 해인이의 성장을 위해 어머님과 서로 힘을 합하는 관계가 되면 좋겠습니다.
- 어머님께서 해인이에 대해 걱정이 많으신 걸로 느껴졌습니다. 교사로서 저도 그 마음을 가볍게 여기지 않겠습니다. 다만, 저의 행동에 어떤 부분이 불편하셨는지 구체적으로 듣고 싶습니다.
- 지금 어머님께서 하신 말씀이 저에게는 인격적인 비난처럼 들려서 조금 당황스럽습니다. 해인이의 상황에 집중해서 저희가 잘 협력하여 풀어 가면 좋겠습니다.

만약 위와 같이 마음을 다한 응대에도 학부모의 민원이 멈추지 않거나, 오히려 상황이 더 심각해진다면 그때는 다른 대응이 필요하다. 특히 소위 악성 민원에 가까울 정도로 교사를 힘들게 하는 학부모를 교사 혼자 대응하는 건 절대 불가능하다. 실제로 섣불리 감정적으로 대응했다가 오히려 아동학대로 억울하게 신고당하는 경우도 있다.

이럴 때는 혼자 대응하거나 교육활동 침해로 바로 신고하기보다는 먼저 교장, 교감 등의 관리자에게 지원을 요청하기를 권한다. 모든 학교에는 민원 대응팀이 구축되어 있다. 민원 대응팀은 교장, 교감, 행정실장 등 관리자와 각 부 부장, 학부모 대표 등으로 구성되어 민원에 조직적으로 대응하는 것을 목적으로 하는 학교 내 기구이다. 이 민원 대응팀에서 학부모의 민원에 공식적으로 대응하는 것이 바람직하다. 즉 교사가 민원 대응 지원을 요청하면 일단은 학부모에게 학교 방문을 요청한 뒤, 해당 부서의 부장이 동석하여 1차 상담을 진행하는 것이 첫 번째 단계이다. 1차 상담으로도 문제가 해결되지 않는다면 두 번째 단계로 교감, 교장이 포함된 민원 대응팀의 주재하에 학교 민원 면담실 등의 공개적인 장소에서 상담을 진행하길 권한다. 만약 민원 대응팀의 대응으로도 학부모의 민원이 잦아들지 않는다면 해당 민원을 관할 교육청의 통합 민원팀으로 이관하는 방법도 고려해 볼 수 있다. 그리고 나서도 민원이 멈추지 않는다면 그때는 교육활동 침해로 신고하기를 권한다. 처음부터 바로 교육활동 침해로 신고하는 것을 권하지 않는 이유는 하나다. 교육청은 사법 기관이 아니므로 일반인인 학부모에게 내릴 수 있는 조치가 제한적일 수밖에 없기 때문이다. 섣불리 신고부터 했다가 학부모가 어떤 보복성 행동을 할지 알 수 없으므로 가능하면 민원 대응팀을 통한 공식적 대응을 권한다. 교사에게 반복적, 지속적으로 민원을 제기하는 학부모를 교사 1인이 대응하기는 절대 쉽지 않다. 심지어 모든 대화를 녹음한 뒤, 그중 일부분만 발췌하여 문제를 제기하는 학부모도 있기에 교사 혼자 대응했다가 오히려 더 큰 곤경에 빠지는 경우도 많다. 그러므로 중요한 건 학부모 민원이 반복적, 지속적으로 이어질 경우에 교사 혼자 대응하는 것만은 반드시 피해야 한다는 사실이다. 어려운 상대일수록 함께 대응했을 때 마음의 짐과 책임이 절반으로 줄어들 수 있다는 사실을 꼭 기억하자.

10. 우리 아이가 피해자라고요

[반복적 부당 간섭/학부모]

저녁 8시. 전화벨이 또 울리기 시작했다. 벌써 네 번째였다. 보나 마나 희수 어머니가 분명했다. 아무 생각 없이 휴대폰 번호를 알려 준 자신을 자책하며 결국 M 교사는 전화를 받았다. 어차피 전화를 받을 때까지 계속 걸게 분명했기 때문이었다.

"선생님, 이제야 전화를 받으시면 어떡해요. 제가 몇 번이나 전화했는지 아세요?"

일단 화부터 내고 시작하는 희수 어머니의 목소리에 가슴이 뛰기 시작했다. 이번엔 또 무슨 일인지 감도 잡히지 않았다.

"오늘 희수 실내화 가방에 쓰레기가 들어 있었던 거 아세요? 분명히 누가 고의로 우리 희수 가방에 쓰레기를 넣은 거라고요. 이거 학교폭력이잖아요. 저 신고할 거예요."

"아, 어머니. 저도 아까 희수가 얘기해서 알고 있는데요, 청소하다가 우연히 희수 가방에 휴지가 들어간 거 같아요. 실내화 가방이 책상 아래 굴러다니길래 실수로 휴지가 들어간 듯해서 희수에게 잘 얘기했어요."

"아니, 그게 말이 되나요? 휴지가 어떻게 실수로 가방에 들어가요? 그리고 실내화 가방이 책상에 걸려 있어야지 바닥에 굴러다녔다는 거 자체가 누가 일부러 그랬다는 거 아닌가요? 이렇게 심각한 상황을 대수롭지 않게 생각하는 선생님이 더 이상한 거예요. 대체 생각이 있는 거야, 없는 거야."

또 시작이었다. 거의 2~3일에 한 번씩 학교폭력으로 신고하겠다는 전화를 하는 희수 어머니는 오늘도 학교폭력을 운운하기 시작했다. 혹시나 자신이 놓친 부분이 있을까 싶어 곰곰이 당시 상황을 복기해봐도 학교폭력으로 의심되는 정황은 없었다. 아이들도 이미 희수 어머니의 성격을 알기에 최대한 희수와 부딪치지 않으려 했기 때문에 누군가 일부러 희수의 실내화 가방에 쓰레기를 넣었을 가능성은 희박했다. 무엇보다 아이들이 뛰어놀다 보면 가방이나 책상 서랍 등에 쓰레기가 우연히 들어가는 일은 비일비재했고, 모두가 그런 건 대수롭지 않게 여겼다. M 교사는 침착하게 당시의 상황을 희수 어머니에게 자세히 말씀드렸지만, 희수 어머니는 막무가내였다.

"그걸 나더러 믿으라는 거예요? 선생님 아이 안 키워 봤죠? 그러니까 이렇게 속 편한 얘기나 하지. 그러고도 교사를 한다고 나서는 건 너무 무책임한 행동 아니에요? 내가 계속 참았는데, 이젠 도저히 안 되겠네요. 내일 교장 선생님한테 담임 바꿔 달라고 얘기해야겠어요."

마음대로 하시라고, 나도 당신 같은 학부모 때문에 교사 그만두고 싶다고 소리를 지르고 싶었지만, 그럴 수 없었다. 그랬다간 이 어머니는 무슨 짓을 할지 몰랐다. 작년에도 담임 교체를 요구하며 교장실을 몇 번씩 찾아가고 교육청에 국민신문고까지 넣었다는 소문을 듣긴 했지만, 막상 당해 보니 상상 이상이었다. 만약 하고 싶은 말을 했다가는 더 험한 말을 듣게 될 거 같아 겁이 났다. 결국 알겠다고, 내일 학교에 가서 상황을 좀 더 자세히 살펴보고 희수와도 충분히 이야기를 나눠 보겠다고 얘기하고 나서야 비로소 희수 어머니는 목소리가 조금 부드러워졌다.

전화를 끊고 나서 보니 무려 40분이나 지났다. 이런 일을 앞으로 몇 번이나 더 겪어야 할지 가슴이 답답해졌다. 이제 겨우 6월인데, 과연 올해 무사히 담임을 마칠 수 있을지 자신이 없었다. 맘 같아선 지금이라도 병가를 내거나 질병 휴직이라도 하고 싶지만, 희수 외의 나머지 아이들을 생각하면 그럴 순 없었다. 자신에게 맡겨진 5학년 3반 아이들의 얼굴이 떠올라 결국 M 교사는 오늘도 스스로 마음을 다잡을 수밖에 없었다.

법으로 해결하기

희수의 어머니는 2~3일에 한 번씩 학교폭력 신고를 하겠다며 M 교사에게 전화를 하고 사건 당일에도 희수 가방에 쓰레기가 있었다는 이유로 늦은 시각 교사에게 여러 차례 전화를 걸었다. 지난해에도 담임 교체를 요구하며 교장실을 찾아가고 교육청에 국민신문고까지 넣었다는 것을 보면 자녀 문제에 과도하게 민감한 학부모가 아닐까 생각된다.

학부모로서는 자녀가 다니는 학교에 관심이 많을 수밖에 없고 자녀를 가르치는 교사, 특히 담임 교사와 관련한 문제에 대해서는 더욱 신경이 쓰일 수밖에 없다. 그러나 학교 교육에서 교원의 전문성과 교권은 존중되어야 하고, 교원은 전문적 지위나 신분에 영향을 미치는 부당한 간섭을 받지 않아야 한다(「교육기본법」 제14조 제1항, 「교육공무원법」 제43조 제1항). 우리 법원은, "적법한 자격을 갖춘 교사가 전문적이고 광범위한 재량이 존재하는 영역인 학생에 대한 교육 과정에서 한 판단과 교육활동은 특별한 사정이 없는 한 존중되어야 하며, 국가, 지방자치단체, 그 밖의 공공 단체나 학생 또는 보호자 등은 이를 침해하거나 부당하게 간섭하여서는 안 된다."라고 판시하며 교사의 전문성과 교권의 보호의 필요성을 강조한다(대법원 2023. 9. 14. 선고 2023두37858 판결).

희수의 어머니는 2~3일에 한 번씩 M 교사에게 전화를 하여 교사의 판단을 불신하는 모습을 보였고 사건 당일에도 학교폭력의 정황이라고 보기 어려운 상황임에도 불구하고 늦은 시각 M 교사에게 전화를 하여 자신의 입장만을 주장하는 모습을 보였다. 이러한 희수 어머니의 행위는 앞 사안의 해인이의 어머니와 같이 교육활동 침해행위 유형 중 교원의 교육활동을 부당하게 간섭하거나 제한하는 행위로서 목적이 정당하지 아니한 민원을 반복적으로 제기하는 행위(교원지위법 제19조 제2호 가목), 또는 교원의 정당한 교육활동에 대해 반복적으로 부당하게 간섭하는 행위(교육부 고시 제2조 제3호)에 해당할 수 있을 것이다.

한편 희수의 어머니는 담임 교체를 요청하겠다는 말까지 꺼냈다. 학부모의 담임 교체 요구에 관하여는 의미 있는 판례가 있어 소개한다. 초등학교 2학년인 갑돌이의 담임 교사는 수업 중 갑돌이가 장난을 치자 주의를 주었고 갑돌이가 같은 행동을 반복하자 갑돌이의 이름표를 칠판의 레드카드 부분에 붙였다. 담임 교사는 레드카드에 이름표가 붙은 학생을 방과 후에 남겨 교실 청소를 돕게 하였는데, 당일 레드카드를 받은 갑돌이와 1명의 학생에게 방과 후 빗자루로 교실 바닥을 약 14분간 쓸게 하였다. 갑돌이의 학부모는 갑돌이의 하교 직후 학교 교무실로 가서 교감을 면담하였고 담임 교체를 요구하였다. 3일 후 갑돌이의 학부모는 교장과 교감 면담을 하며 담임 교체를 요구하였고, 이후에도 갑돌이의 어머니는 5차례 이상 교장과 교감에게 전화하여 담임 교체를 요구하였다.

1심은 갑돌이 어머니의 교육활동 침해행위를 인정하였으나, 2심은 담임 교사의 레드카드 벌점제가 정당한 교육활동이 아니라는 이유로 교육활동 침해행위를 인정하지 않았다. 이에 대해 대법원은, "부모 등 보호자는 보호하는 자녀 또는 아동의 교육에 관하여 학교에 의견을 제시할 수 있으며 학교는 그 의견을 존중해야 한다."라고 밝히면서, 학급을 담당한 교원의 교육 방법이 부적절하여 교체를 희망한다는 의견도 부모가 인사권자인 교장 등에게 제시할 수 있는 정당한 의견에 해당한다고 판단하였다.

다만 대법원은 "그러나 학기 중에 담임에서 배제되는 것은 해당 교사의 명예를 크게 실추시키고 인사상으로도 불이익한 처분이며, 학교장에게는 학기 중에 담임 보직 인사를 다시 하는 부담이 발생하고, 해당 학급의 학생들에게는 담임 교사의 변경으로 인한 혼란이 발생할 수 있으므로, 설령 담임 교사의 교육 방법에 문제가 있다 하더라도 교육 방법 변경 등으로 문제가 해결될 수 있다면 먼저 그 방안을 시도하는 것이 바람직하다."라고 판시하면서, "따라서 학부모가 정당한 사유 및 절차에 따르지 아니한 채 반복적으로 담임 교체를 요구하는 것은, 이러한 해결 방안이 불가능하거나 시도하였음에도 문제가 해결되지 않아 담임 교사로서 온전한 직무 수행이 어려운 비상적인 상황에 한해 보충적으로만 허용되며, 반복적인 담임 교체 요구는 교육활동 침해에 해당한다."라고 보아 2심 판결을 파기하였다(위 판례).

이 판례는 헌법과 법률에 근거하여 교육의 자율성 및 교사의 지위를 보장하는 한편, 부모 등 보호자의 의견 제시 권한과 그 한계를 명확히 설명하였다는 점에서 의미가 깊다.

교육적으로 해결하기

　학교폭력 사안은 학생이나 학부모, 또는 학교폭력 책임 교사에게만 민감한 부분이 아니다. 관련학생의 담임 교사에게도 심리적 부담이 대단히 클 수밖에 없다. 심각한 학교폭력은 말할 것도 없고 아주 작은 사안이라 해도 일단 관련학생이 담임 반 학생이라면 신경이 곤두서기 마련이다. 어차피 행정적인 업무는 학교폭력 책임교사가 맡아서 진행하는 거 아니냐고 생각할 수도 있겠지만, 관련학생이 신고 의사를 밝히거나 교사가 사안을 인지하게 되면 초기 대응은 담임 교사가 어느 정도 담당해야 하기 때문이다. 특히 이 사례처럼 학부모가 반복적으로 학교폭력 신고 의사를 밝히며 민원을 제기하면 교사는 이에 대응하는 게 쉽지 않다. 설령 교사의 입장에서는 학부모의 반복된 신고가 과도하다고 느껴진다고 해도 이를 허위 신고로 단정지을 수 있는 직접적인 증거는 없기 때문에 무조건 신고 자체를 거부하기도 어렵다. 섣불리 민원 자체를 차단했다가는 학부모가 교사 개인에 대한 책임으로 전가할 위험 요소도 있다. 교사가 판단하기에는 희수 어머니의 신고 사안이 99.9% 허위라고 생각된다고 해도 정말 만에 하나 실제 학교폭력 사안일 수도 있으므로 무작정 그럴 리 없다고 단정짓는 것은 조심스럽다. 그러므로 초기에는 방어적 대응보다는 객관적 태도를 유지하며 학생 중심의 객관적 사실 파악의 절차를 강조하기를 권한다.

* **예시**
  - 어머님께서 희수를 걱정하시는 마음, 충분히 공감합니다. 저도 희수가 겪는 어려움을 같이 살펴보겠습니다. 혹시 이번에는 어떤 부분이 특히 걱정되셨는지 구체적으로 말씀해 주시겠어요?
  - 혹시 희수가 이야기한 구체적인 말이나 행동 중에 의심되는 상황이 있다면 저도 함께 살펴보겠습니다.
  - 어머님께서는 어떤 방식으로 학교와 함께 이 문제를 해결해 나가면 좋겠는지 구체적으로 말씀해 주실 수 있으실까요? 저도 최선을 다해 정확히 듣고 함께 방법을 고민하겠습니다.

만약 초기라면 민원으로 대응하기 전에 먼저 희수 어머니가 왜 반복적으로 민원을 제기하고 희수가 학교폭력 피해를 당하고 있다고 주장하는지, 그 이유를 탐색해 볼 필요가 있다. 이 사례처럼 반복적으로 학교폭력 피해를 호소하는 이유에 대한 정서적·인지적 체계로 가능한 해석은 다음과 같다.

1) 자녀에 대한 과잉보호: 자녀의 모든 갈등을 '피해'로 인식함
2) 학교에 대한 불신: 학교의 대응에 대한 실망이 반복되면서 학교가 자녀를 보호하지 않는다고 확신
3) 과거의 트라우마에 대한 투사: 학부모 스스로 과거에 유사한 경험을 한 경우 작은 경험도 확대 해석

4) 자녀의 왜곡된 보고: 자녀가 부모의 관심을 끌기 위해 일부 상황을 과장하여 전달함

다만 위에서 언급했듯이 실제로 피해가 있었을 가능성도 고려해 보아야 한다. 교사가 느끼기에 과도하다는 심증이 곧 허위라는 증거는 아니기 때문이다. 그러므로 학부모의 모든 주장은 비록 과도하다 생각된다 할지라도 반드시 사실 여부를 조사할 필요가 있다. 즉 학부모의 심리적 맥락을 이해한다는 메시지를 잘 전달하되 제도적 절차는 객관적으로 진행해야 한다.

이처럼 교사가 공감적인 태도를 바탕으로 구체적인 사실 파악과 객관적 대응을 유지했음에도 불구하고 학부모가 반복적 민원을 멈추지 않고 담임 교체 등을 요구한다면, 그때는 교사도 관리자를 포함한 전문가의 조력을 요청해야 한다. 먼저 학부모와의 면담 시 절대로 혼자 감당하지 않고 학교의 민원 대응팀과 같은 공식적 절차를 거쳐 문서화된 공식 대응이 필요하다. 또한 학부모의 민원이 멈추지 않고 반복 지속되어 더 이상 교육적 해결이 불가하다고 판단되면 교육활동 침해 신고를 통한 법적 대응도 고려해야 할 것이다.

[생각의 틈새]

모든 민원이 부당한 건 아닙니다

신서희

"우리 아이 대학 떨어지면 선생님이 책임지실 거예요? 우리 애 인생 책임질 수 있냐고요!"

교사 시절 받았던 첫 민원이었다. 당시는 야간 자율 학습이 거의 강제였던 시절이라 모든 학생이 방과 후에 남아서 늦게까지 자율 학습을 해야 했다. 그런데 한 학부모가 자신의 자녀는 학원에 가야 하니 야간 자율 학습을 빼달라고 요구했다. 학교 규정상 야간 자율 학습을 아예 빼는 건 어렵다고 말씀드리자, 학부모는 불같이 화를 내면서 아이가 대학 떨어지면 책임질 거냐고 몰아세웠다. 그렇게 학부모는 몇 번을 더 전화하여 자율 학습 제외를 강하게 요구했고 결국 그 학생은 자율 학습에서 빠지게 되었다. 그 과정에서 학부모가 욕을 하거나 심각한 인격 비하 발언까지는 하지 않았지만, 당시의 경험은 오래도록 그리 유쾌하지 않은 기억으로 남았다.

지금 와서 생각해 보면 당시 그 학부모의 민원이 그리 적절하지 않은 건 사실이었다. 물론 강제적인 야간 자율 학습의 타당성 여부는 논외로 하더라도 개인 사정에 따라서 자율 학습을 빼 달라고 요청할 수는 있다. 다만 학교 규정에 따라 그 요청을 거절했다고 해서 우리 아이

대학 떨어지면 책임질 거냐고 몰아세우는 발언은 바람직하지 않았다. 우리 아이에게만 예외를 적용해 달라는 건의는 좀 더 신중하고 정중하게 접근했어야 했다. 하지만 그렇다고 해서 이 민원이 교육활동 침해에 해당하냐고 묻는다면 그건 다소 애매하다. 분명히 적절하지 않은 발언이었고 그로 인해 교사가 불쾌함을 느꼈지만, 그게 곧 교육활동 침해라고 보기는 어렵다. '교권 침해'가 아닌 '교육활동 침해'가 판단 근거이기 때문이다.

　모든 교사가 그렇다고 일반화할 수는 없겠지만, 다른 직업군에 비해 교사는 타인의 지적과 비난에 좀 더 예민한 편이라는 생각이다. 이는 어릴 적부터 모범적으로 살아온 성장 환경 때문일 수도 있고, 교사로서의 도덕성에 대한 기대 수준이 높기 때문일 수도 있다. 즉 아이들에게 영향을 주는 존재라는 자긍심과 사명감이 크기 때문에 자신의 행위가 지적당하면 존재 자체가 부정당하는 느낌을 받을 수 있다. 또한 교실은 공개와 폐쇄가 공존하는 무대로, 늘 누군가에게 평가받는 위치에 있기 때문에 비판에 대한 감수성이 예민해질 수밖에 없기도 하다. 지속적인 감정 노동으로 인한 정서적 피로가 쌓이면서 사소한 지적이나 비난에도 방어적으로 대응하게 되는 것이다.

　이런 상황에서 학부모가 어떤 요구나 건의 사항을 내놓았을 때 교사는 무의식적으로 수용보다는 방어가 앞서는 경우가 생기기도 한다. 그러다 보면 화가 난 학부모가 점점 더 감정적이고 날선 공격성 발언을 이어 가게 되고 최악의 경우, 교사의 교육활동 침해 신고나 학부모의 아동학대 신고로까지 이어지기도 한다. 그러므로 교사는 학부모 민원에 대해 좀 더 냉철하고 객관적으로 대응할 필요가 있다는 생각이다. 즉 학부모로부터 어떤 요구를 받았을 때 그 말투나 태도가 어떠하든 일단은 먼저 점검해 보아야 한다.

'이건 부당한 민원일까? 아니면 의견 제시일까?'

교육기본법 제13조에 따르면 부모 등 보호자는 자녀의 교육에 관하여 학교에 의견을 제시할 수 있고, 학교는 그 의견을 존중해야 한다. 다만 이러한 의견 제시는 교사를 존중하는 범위 안에서 정당하게 이루어져야 한다. 만약 반복적으로 교사의 교육활동을 부당하게 간섭하거나 법적 의무가 아닌 일을 지속적으로 강요하는 경우에는 교육활동 침해로 신고할 수 있다. 그렇다고 설령 학부모의 말투가 다소 무례하여 불쾌한 감정을 느꼈다고 해서, 또는 부당한 요구를 한두 번 정도 했다고 해서 '신고'를 하는 건 신중해야 한다는 생각이다. 세상에는 같은 말도 기분 나쁘게 하는 사람이 적지 않고, 자기만 생각하여 이기적으로 무리한 요구를 하는 사람도 심심치 않게 만날 수 있다. 그렇다고 이러한 사람을 모두 '신고'했다가는 그야말로 끝없이 신고를 하게 될 것이다.

그렇다고 무조건 교사가 참아야 한다는 의미도 아니다. 만약 학부모로서의 의견 제시가 아닌 부당한 민원이라고 판단된다면 신고하기 전에 먼저 민원 대응팀 등과 같은 학교의 공식적인 창구를 통해 대응하거나 학교 관리자의 동석 등을 요청하여 함께 대응할 것을 권한다. 교사 혼자 대응하지 않고 학교 공동체가 함께 대응함으로써 단호하면서도 명확하게 민원을 해결해 나가면 좋겠다. 만약 이런 공식적인 절차를 거쳤음에도 불구하고 학부모의 요구가 정당한 건의가 아닌, 반복적이고 지속적인 악성 민원이라고 판단된다면 그때는 교육활동 침해로 신고하든지, 악성 민원으로 대응하여 교육청으로 민원을 이관하든지 법적인 조치를 강구해야 할 것이다.

  중요한 건 정당한 건의가 아닌 부당한 민원이 반복적으로 지속될 경우, 절대로 교사 혼자 대응하게 두지 않는 것, 그것이 공교육이 가져야 할 힘이고 권위라는 생각이다.

11. 선생님은 누구 편이에요?

[아동학대/초등학생]

채아와 규빈이의 싸움은 끝날 기미가 보이지 않았다. 처음에는 채아와 규빈이, 둘의 다툼이었다. 그런데 채아네 무리와 규빈이 무리의 다툼으로 번지더니 삽시간에 학급 내 여학생들 전체의 싸움으로 번졌다. P 교사는 처음에는 그냥 그러다 말겠지 싶었는데, 반 전체의 분위기가 급속도로 냉랭해지니 아무래도 중재를 해야 할 것 같았다. 이대로 두었다가는 문제가 걷잡을 수 없이 커지겠다는 걱정이 생겼다.

먼저 채아를 불러 이야기를 들었다. 뒤이어 규빈이도 불렀다. 두 아이에게서 자초지종을 듣고 보니 채아의 마음도, 규빈이의 마음도 이해가 되었다. 물론 둘 다 잘못한 부분이 있긴 했지만, P 교사가 상황을 보니 일단은 규빈이가 먼저 채아에게 사과를 해야 하는 부분이 있어 보였다. 사실 아주 사소한 오해에서 시작된 다툼이었기에 한쪽에서 사과만 하면 금세 해결될 사안이라는 생각이 들었다.

고민 끝에 P 교사는 규빈이를 불렀다. 규빈이가 사과를 할 준비가 될 때까지 차근차근 타일렀다. 규빈이의 이야기도 충분히 들어 주려고 애썼다. 하지만 기대와는 달리 규빈이는 선뜻 마음을 풀지 않았다. P 교사가 한참을 설득했으나 규빈이는 결국 사과하기를 거부하며 울음을 터뜨렸다.

"선생님은 왜 채아 편만 들어요? 저 잘못한 거 없는데 왜 선생님은 저한테만 사과하라고 해요?"

아무래도 규빈이와 채아 둘 다 아직 화해할 준비가 안 된 거 같았다. 엉엉 우는 규빈이를 달래서 집으로 보냈다. 고개를 푹 숙이고 터덜터덜 돌아가는 규빈이의 뒷모습을 보니 P 교사도 마음이 좋지 않았다. 괜히 중재한다고 나서서 사태를 더 악화시킨 건 아닐까 후회도 되었다.

다음 날 아침, 규빈이 부모님이 학교로 찾아왔다. 부모님 표정을 보니 분위기가 심상치 않았다. P 교사는 부모님을 상담실로 안내했다. 규빈이 부모님은 자리에 앉자마자 커피도 거절한 채 다짜고짜 P 교사에게 소리를 질렀다.

"선생님, 규빈이한테 사과하라고 하셨다면서요? 우리 규빈이가 우는 데도 계속 사과하라고 윽박지르셨다는 게 사실이에요? 대체 선생님은 누구 편이에요? 왜 우리 규빈이를 잡아요? 잘못은 채아가 했는데, 왜 우리 규빈이한테 사과를 하라고 강요하시는 거예요?"

"아니, 어머님, 그게 아니라…."

규빈이 부모님은 P 교사의 말을 자르더니 매섭게 노려보며 말했다.

"됐고요. 저 그딴 변명 들으러 온 거 아니고요, 선생님한테 말씀드리러 왔어요. 저희 선생님 아동학대로 신고할 거니까 그렇게 아세요. 저 녹음 파일도 다 갖고 있으니까 부인할 생각은 하지 마시고요."

P 교사는 가슴이 철렁 내려앉았다. 말로만 듣던 아동학대, 그 당사자가 될 줄이야.

법으로 해결하기

사안 속 규빈의 부모는 학생들 사이에서 갈등을 중재한 P 교사에게 사과를 강요한 것이 아동학대라고 주장하며 신고를 예고하였다. 사과를 강요한 것이 아동에 대한 정서 학대라고 주장하는 것이다. 법률에 따르면 '교원의 정당한 학생생활지도'에 대해서는 아동학대로 볼 수 없으므로, P 교사는 자신의 행위가 정당한 학생생활지도 행위였음을 입증해야 할 것이다. 「교원의 학생생활지도에 관한 고시」에 따르면 교원은 인성 및 대인 관계와 관련하여 학교폭력 예방 및 대응, 학생 간의 갈등 조정 및 관계 개선에 대하여 학생을 지도할 수 있고(제7조), 그 방식으로는 학생에 대한 조언, 상담 등이 가능하다(제9조 및 제10조).

사안의 경우 처음에는 채아와 규빈이 사이의 갈등이 그 시작이었으나 시간이 지날수록 갈등이 고조되어 이제는 학급 내 여학생들 전체의 싸움으로까지 번지게 되었다. 그 상황에서 P 교사는 학생 간의 갈등 조정 및 관계 개선을 위해 개입이 필요하다고 판단하였고, 채아와 규빈이에 대한 상담을 진행한 것으로 볼 수 있다. 따라서 규빈이의 부모가 P 교사를 아동학대 혐의로 신고한다 하여도 P 교사의 행위는 고시에서 정한 정당한 학생생활지도 행위로 볼 수 있으므로 아동학대에 해당하지 않는다는 결론을 얻을 가능성이 높다. 아울러 P 교사가 속한 교육청에서는 정당한 생활지도 여부에 관한 의견을 수사 기관에 제출하여 P 교사가 억울한 일을 당하지 않도록 지원해야 할 것이다(교원지위법 제17조).

「교원의 학생생활지도에 관한 고시」

제7조(인성 및 대인관계)

학교의 장과 교원은 인성 및 대인관계와 관련하여 다음 각 호의 사항에 대해 학생을 지도할 수 있다.

1. 전인적 성장을 위한 품성 및 예절
2. 언어 사용 등 의사소통 행위
3. 학교폭력 예방 및 대응, 학생 간의 갈등 조정 및 관계 개선

제9조(조언)

① 학교의 장과 교원은 학생의 문제를 인식하거나 학생 또는 보호자가 도움을 요청하는 경우 학생 또는 보호자에게 조언할 수 있다.

제10조(상담)

① 학교의 장과 교원, 학생 또는 보호자는 학생의 문제를 해결하기 위한 원인 분석, 대안 모색 등이 필요한 경우 누구든지 상담을 요청할 수 있다.

② 상담은 수업 시간 외의 시간을 활용함을 원칙으로 한다. 다만, 진로전담교사 또는 전문상담교사에 의한 상담, 학교의 장과 보호자 간의 상담 등은 예외로 한다.

12. 왜 머리카락을 잡아당겨요?

[아동학대/중학생]

A 교사가 교문에 서 있는데, 멀리서 금빛 머리를 찰랑거리며 뛰어오는 여학생이 눈에 들어왔다. 지수였다. 지난 학기에도 염색을 하고 와서 크게 꾸지람을 듣고 다시 검은색으로 염색을 하는 소동을 겪었는데, 이번엔 금발이었다.

"최지수, 너 머리 뭐야? 염색한 거야?"

지수는 예상했다는 듯이 당황한 기색 전혀 없이 A 교사를 빤히 쳐다보았다.

"네. 염색 안 된다는 규정은 없는 거 아니에요?"

"염색 안 된다는 규정이 왜 없어? 너 생활 인권 규정 안 봤어? 길이는 자율이지만, 염색은 안 되잖아."

그러자 지수는 작전을 바꾸어 막무가내로 조르기 시작했다. 이번

한 번만 봐달라, 딱 한 달만 유지하고 바로 원상 복구해 놓겠다, 이번에 연습생으로 들어갈 수도 있어서 염색한 거다, 만약 연습생 떨어지면 선생님이 책임질 거냐, 이유도 다양했다. A 교사는 교문 앞에서 지수를 데리고 계속 실랑이할 수가 없어서 1교시 후에 교무실로 오라 하고는 일단 교실로 돌려보냈다. 지수는 1교시 후에도, 2교시 후에도 교무실로 오지 않았다. A 교사는 점점 더 화가 났지만, 일단은 기다려 보기로 했다. 지수는 6교시가 끝나고서야 느릿느릿 교무실로 찾아왔다.

"최지수! 너 1교시 끝나고 오라고 했는데, 지금이 1교시야?"

"계속 이동 수업이어서 못 왔다고요. 왜요?"

A 교사는 화를 억누른 채 지수에게 머리를 언제 원상 복구할 거냐고 물었다. 지수는 전투력을 한껏 장착하고 온 분위기였다.

"저 이거 비싸게 주고 한 거예요. 엄마가 해 준 거라고요. 그냥 좀 냅둬요!"

A 교사는 화가 난 나머지 지수의 머리카락을 확 잡아당겼다.

"너 이거 이거 진짜 원상 복구 안 할 거야? 그럴 거면 학교 그만둬!"

다음 날 아침, A 교사가 출근하자마자 교장실로 오라는 전화가 왔다. 무슨 일인가 싶어 교장실로 가보니 지수 어머니가 와 계셨다.

"선생님이 A 선생님이세요? 저 지수 엄마인데요, 어제 선생님이 저희 지수 머리카락을 잡아당기셨나요? 저 선생님을 아동학대로 신고하려고 합니다."

법으로 해결하기

　교사가 법령에서 정하는 바에 따라 아동인 학생을 교육하는 것은 학생이 인격을 도야하고 자주적 생활 능력과 민주 시민의 자질을 갖추게 하는 등으로 학생의 복지에 기여하는 행위에 해당한다. 따라서 특별한 사정이 없는 한 교사의 교육 행위를 두고 아동복지법이 금지하는 '학대 행위'로 평가할 수 없다. 판례는, 교사가 아동인 학생을 교육하는 과정에서 학생에게 일부 신체적 고통을 느끼게 하였더라도, 그 행위가 법령에 따른 교육의 범위 내에 있다면 아동복지법 제17조 제3호 위반으로 볼 수 없다고 판시한다.

　이와 같은 법리는 학생을 지도하는 행위에 대하여도 동일하게 적용된다. 학교 교육에서 교원의 전문성과 교권은 존중되어야 하고(교육기본법 제14조 제1항, 교육공무원법 제43조 제1항), 교사가 되기 위해서는 법률이 정한 자격을 갖추어야 하므로(초·중등교육법 제21조 제2항), 교사는 지도 행위에 관하여 일정한 재량을 가지는 것으로 보아야 한다. 따라서 교사의 아동인 학생에 대한 지도 행위가 법령과 학칙의 취지에 따른 것으로서 객관적으로 타당하다고 인정된다면 여전히 법령에 따른 교육 행위의 범위에 속하는 것이고, 초·중등교육법 시행령 제40조의3에 따라 금지되는 체벌에 해당하지 않는 한 다소의 유형력이 수반되었다는 사정만으로 신체 학대로 볼 수는 없다.

「초·중등교육법 시행령」 제40조의3(학생생활지도)

① 학교의 장과 교원은 법 제20조의2에 따라 다음 각 호의 어느 하나에 해당하는 분야와 관련하여 조언, 상담, 주의, 훈육·훈계 등의 방법으로 학생을 지도할 수 있다. 이 경우 도구, 신체 등을 이용하여 학생의 신체에 고통을 가하는 방법을 사용해서는 안 된다.

1. 학업 및 진로

2. 보건 및 안전

3. 인성 및 대인관계

4. 그 밖에 학생생활과 관련되는 분야

② 교육부장관은 제1항에 따른 지도의 범위 방식 등에 관한 기준을 정하여 고시한다.

한 초등학교에서 피해 아동은 가위바위보를 통해 발표자가 되었는데, 피해 아동은 자신이 발표자로 선정되었다는 이유로 토라져 모둠 발표를 하지 않았으며 수업에도 전혀 참여하지 않았다. 교사는 오전 수업 종료에 즈음하여 학생들이 교실 앞으로 나와 노래를 부르고 율동을 따라 해야 하는 상황에서 피해 아동이 율동에 참여하지 않고 점심시간에 급식실로 이동하자는 교사의 말에도 불응하자 "야, 일어나."라고 말하며 피해 아동의 팔을 잡아 일으키려고 하였으나 피해 아동은 지시에 따르지 않았다. 결국 교사는 피해 아동의 어머니에게 전화를 걸어 "제가 급식실로 지금 데리고 갈 수가 없어요. 지금 고집을 피우고 버티기 때문에 이야기도 안 듣고 자기 자리에 앉아서 지금 버티는데 제가 지금 어떻게 더 힘을 쓸 수가 없습니다. 다칠 것 같아서요."라고 이야기하고, 피해 아동 어머니의 동의에 따라 피해 아동을 교실에 둔 채, 다른 학생들을 인솔하여 급식실로 이동하였다.

이러한 사실 관계에서 교사가 피해 아동에게 "야, 일어나."라고 말하며 팔을 잡아 일으키려 한 행위에 대하여 1심과 2심은 신체적 학대를 인정하여 교사에게 유죄 판결을 내렸으나, 대법원은 "피해 아동에게 필수적인 교육활동 참여를 독려한다는 목적에 기초하여 이루어진 교사의 학생에 대한 지도 행위에 해당한다."라고 보아 아동학대를 인정하지 않았다. 당시 상황에 비추어 구두지시 등 신체적 접촉을 배제한 수단만으로는 지도 행위의 목적 달성이 어렵다고 판단하여 교사로서 가지는 합리적인 재량의 범위 안에서 적절한 지도 방법을 택한 것으로 교육 관계 법령의 취지에 비추어 객관적으로 타당한 교육 행위를 하였다는 것이다(대법원 2024. 10. 8. 선고 2021도13926 판결).

또 다른 사안에서는, 한 초등학교에서 교사가 피해 아동을 훈계하던 중 피해 아동이 허락없이 자신의 자리로 돌아가자 피해 아동에게 다가가 왼쪽 팔뚝 부위를 세게 잡아 피해 아동에게 약 2주간의 치료를 필요로 하는 찰과상을 입힌 행위에 대하여 법원은 교사의 아동학대를 인정하지 않았다. 당시 피해 아동이 다른 여학생을 괴롭혔고 교사가 이를 제지하려 팔을 잡았으나 피해 아동이 팔을 빼는 과정에서 손톱에 긁혀 상처가 난 사실이 인정된 것이다. 교사는 아동들을 학교 내 괴롭힘 등으로부터 보호하고 기본적인 질서와 규칙을 훈육하여야 할 의무가 있으므로 다른 아동에게 위해를 가할 우려가 있고 말로 제어가 되지 않는 피해 아동의 팔을 잡아 제지하는 정도의 행위는 사회 통념상 허용되는 것으로서 아동학대에 해당하지 않는다고 보아야 한다(대전지방법원 2022. 6. 30. 선고 2021고정992 판결).

우리의 사안으로 돌아와서, 학교의 규칙을 어긴 지수에게 A 교사는 주의의 형태로 생활지도를 하였으나 지수는 A 교사의 지도에 반항하는 태도를 보였고, A 교사는 화가 나 지수의 머리카락을 확 잡아당기고 말았다.

> **「교원의 학생생활지도에 관한 고시」 제11조(주의)**
> ① 학교의 장과 교원은 학생의 행동이 학교 안전 및 교내 질서 유지를 저해할 소지가 있는 경우 학생에게 주의를 줄 수 있다.
> ② 학교의 장과 교원은 수업 중 휴대전화를 사용하거나 그 밖에 수업에 부적합한 물품을 사용하는 학생에게 주의를 줄 수 있다.
> ③ 학교의 장과 교원이 주의를 주었음에도 학생의 행동에 변화가 없거나, 학생의 행동으로 교육활동에 지장을 받을 경우 제12조에 따른 훈육 또는 제13조에 따른 훈계를 할 수 있다.
> ④ 학교의 장과 교원이 주의를 주었음에도 학생이 이를 므시하여 인적·물적 피해가 발생한 경우, 사전에 주의를 준 학교의 장과 교원은 생활지도에 대한 책

무를 다한 것으로 본다.

이 같은 교사의 행위가 정당한 생활지도에 해당하는지에 관해서는 피해 아동에 대한 교육의 목적에 기초하여 이루어진 지도 행위에 해당하는지, 피해 아동에게 신체적 고통을 가할 의도가 있었는지, 교사가 행사한 유형력의 태양이나 정도 등에 비추어 초·중등교육법 제40조의3에 따라 금지되는 행위로 볼 수 있는지, 교사로서 가지는 합리적인 재량의 범위 안에서 적절한 지도 방법에 해당하는지를 두루 살펴 판단하여야 할 것이다. 사안의 경우 A 교사가 행사한 유형력이 단순히 머리카락을 잡아당긴 것에 불과하여 피해학생의 신체에 손상을 주거나 신체의 건강 및 발달에 해를 끼치는 정도로 볼 수는 없을 것이다. 결국 A 교사의 행위는 구두지시 등으로는 목적 달성이 어려운 상태에서 적절하다고 생각되는 지도 방법을 선택한 것이라거나 객관적으로 타당한 교육 행위로 볼 여지가 있는지에 따라 아동학대 여부가 결정될 것이다.

[Page+]

학생생활지도와 아동학대

김유미

아동학대란 '보호자를 포함한 성인이 아동의 건강 또는 복지를 해치거나 정상적 발달을 저해할 수 있는 신체적, 정신적, 성적 폭력이나 가혹 행위를 하는 것과 아동의 보호자가 아동을 유기하거나 방임하는 것'을 말한다. 아동은 건강하게 출생하여 행복하고 안전하게 자라나야 하는 존재이므로 아동을 학대하여 건강 또는 복지를 해치는 행위는 엄격히 금지되어야 한다. 특히 교사는 직무를 수행하면서 아동학대 범죄를 알게 된 경우나 그 의심이 있는 경우 즉시 신고의 의무를 지는 신고의무자이고 아동의 복지에 기여하여야 하는 특별한 의무를 진 자이다. 이에 따라 아동복지법은 교사가 아동학대 범죄를 저지른 경우 정해진 형의 2분의 1까지 가중하여 처벌하도록 정하고 있다.

> 「아동복지법」
>
> **제3조(정의)**
>
> 7. "아동학대"란 보호자를 포함한 성인이 아동의 건강 또는 복지를 해치거나 정상적 발달을 저해할 수 있는 신체적·정신적·성적 폭력이나 가혹행위를 하는 것과 아동의 보호자가 아동을 유기하거나 방임하는 것을 말한다.

제17조(금지행위)

누구든지 다음 각 호의 어느 하나에 해당하는 행위를 하여서는 아니 된다.

3. 아동의 신체에 손상을 주거나 신체의 건강 및 발달을 해치는 신체적 학대행위

5. 아동의 정신건강 및 발달에 해를 끼치는 정서적 학대행위

6. 자신의 보호·감독을 받는 아동을 유기하거나 의식주를 포함한 기본적 보호·양육·치료 및 교육을 소홀히 하는 방임행위

제10조(아동학대범죄 신고의무와 절차)

② 다음 각 호의 어느 하나에 해당하는 사람이 직무를 수행하면서 아동학대범죄를 알게 된 경우나 그 의심이 있는 경우에는 시·도, 시·군·구또는 수사기관에 즉시 신고하여야 한다.

20. 「초·중등교육법」 제2조에 따른 학교의 장과 그 종사자

제7조(아동복지시설의 종사자 등에 대한 가중처벌)

제10조 제2항 각 호에 따른 아동학대 신고의무자가 보호하는 아동에 대하여 아동학대범죄를 범한 때에는 그 죄에 정한 형의 2분의 1까지 가중한다.

문제는 일부 학부모들이 교사의 아동 보호 책임과 의무를 오해하여 교사를 아동학대 혐의로 신고하는 사례가 증가하고 있다는 점이다. 이는 아동의 권리를 보호하고자 했던 입법 취지와 달리, 교사의 교육

활동이 제대로 보호받지 못하는 결과를 초래하였다.

  이러한 상황을 개선하기 위해, 2023년 9월에는 「교육기본법」, 「초·중등교육법」, 「유아교육법」, 「교원지위법」이, 같은 해 12월에는 「아동학대범죄의 처벌 등에 관한 특례법」(아래에서는 간략히 '아동학대처벌법'이라고 한다)이 각 개정되었다. 교원의 교육활동 자율성을 보장하고 무분별한 아동학대 신고로부터 교사를 보호하기 위한 조치였다.

  위 법률 개정을 통해 "교원의 정당한 교육활동과 학생생활지도는 아동학대로 보지 아니한다."라는 조항이 추가되었으며, 아동학대 신고에 대한 '교육감 의견 제출 제도'도 신설되었다. 교육감 의견 제출 제도는 교원이 아동학대 혐의로 신고를 당하는 경우, 수사기관이 수사에 착수하기 전에 해당 행위가 정당한 학생생활지도의 범주에 포함되는지를 교육청이 판단하고, 그 의견을 수사기관에 제출하도록 의무화한 것이다. 정당한 교육활동과 학생생활지도는 아동학대에 해당하지 않는다는 법 조항을 근거로 교원의 행위에 대한 교육 전문 기관의 의견이 반영될 수 있도록 제도적 장치를 마련한 것으로 볼 수 있다.

「교원지위법」 제17조(아동학대 사안에 대한 교육감의 의견 제출)

① 교육감은 「유아교육법」 제21조의3 제1항에 따른 교원의 정당한 유아생활지도 및 「초·중등교육법」 제20조의2 제1항에 따른 교원의 정당한 학생생활지도 행위가 「아동학대범죄의 처벌 등에 관한 특례법」 제2조 제4호에 따른 아동학대범죄로 신고되어 소속 교원에 대한 조사 또는 수사가 진행되는 경우에는

해당 시·도, 시·군·구(자치구를 말한다) 또는 수사기관에 해당 사안에 대한 의견을 신속히 제출하여야 한다.

「아동학대범죄의 처벌 등에 관한 특례법」 제2조(정의)

이 법에서 사용하는 용어의 뜻은 다음과 같다.

3. "아동학대"란 「아동복지법」 제3조 제7호에 따른 아동학대를 말한다. 다만, 「유아교육법」과 「초·중등교육법」에 따른 교원의 정당한 교육활동과 학생생활지도는 아동학대로 보지 아니한다.

국회입법조사처의 분석 자료에 따르면[03] 2023년 9월부터 2024년 8월까지 약 11개월간 아동학대로 신고된 교원에 대해 교육감이 '정당한 교육활동 및 생활지도'라고 판단하여 의견을 제출한 사례는 전체의 69.8%에 달하였다. 또 정당하다고 판단하여 의견을 제출한 사안 가운데 85.4%가 검사 불기소 또는 경찰 수사 개시 전 종결로 결정되었다. 국회입법조사처는 교육감 의견 제출 제도로 아동학대 신고를 당한 교원이 이전의 아동학대 피신고 교원에 비해 상대적으로 덜 불안한 지위에 놓일 수 있었다고 분석하였다.

그러나 여전히 과제는 남아 있다. 같은 기간 조사에서 아동학대 수

---

[03] (NARS 현안분석 346호-20241231) 아동학대에 대한 교육감 의견 제출 제도의 성과와 과제

사 개시 전 사건 종결 비율이 단지 28.2%에 불과한 것이 드러나, 여전히 다수의 교원이 정당한 학생생활지도에도 불구하고 지자체의 조사 또는 수사기관의 수사를 받아야 하는 어려움에 놓여 있었던 것으로 확인되었다. 이는 교원에게 수사 등으로 인한 심리적 부담과 고통을 겪게 함과 동시에 학생들의 학습권이 위협받고 있음을 알 수 있는 통계라 할 수 있다.

학생과 매일 마주하며 학생을 지도해야 하는 교사가 아동학대 혐의로 신고를 당하고 수사까지 받아야 하는 현실은 교사에게 큰 두려움이 아닐 수 없다. 이러한 문제로 인해 아동학대 범죄의 검찰 송치를 의무화한 아동학대처벌법 제24조의 개정 필요성이 지속적으로 제기되고 있다. 적어도 정당한 교육활동으로 교육감 의견서가 제출된 경우에는 경찰 수사 개시 전에 사건이 종결되거나 검찰에 송치하지 않을 수 있다는 예외 조항이 필요할 것으로 보인다.

> 「아동학대범죄의 처벌 등에 관한 특례법」 제24조(사법경찰관의 사건송치)
> 사법경찰관은 아동학대범죄를 신속히 수사하여 사건을 검사에게 송치하여야 한다. 이 경우 사법경찰관은 해당 사건을 아동보호사건으로 처리하는 것이 적절한 지에 관한 의견을 제시할 수 있다.

공교육 위기의 시대, 우리는 어떻게 대처해야 하는가
선생님, 저 신고할 거예요

초판 1쇄 발행 2025년 12월 30일

지은이 신서희, 김유미
펴낸이 민혜영
펴낸곳 카시오페아
주소 서울특별시 마포구 월드컵로14길 56, 3~5층
전화 02-303-5580 | **팩스** 02-2179-8768
홈페이지 www.cassiopeiabook.com | **전자우편** editor@cassiopeiabook.com
출판등록 2012년 12월 27일 제2014-000277호

ⓒ신서희, 김유미, 2025
ISBN 979-11-6827-380-1 03330

이 책은 저작권법에 따라 보호받는 저작물이므로 무단 전재와 무단 복제를 금지하며, 이 책의 전부 또는 일부를 이용하려면 반드시 저작권자와 (주)카시오페아 출판사의 서면 동의를 받아야 합니다.

- 잘못된 책은 구입하신 곳에서 바꿔 드립니다.
- 책값은 뒤표지에 있습니다.